AF368093

Les Poèmes
du Romantisme noir

Les Inclassables n° 4

© **2023 LES ÉDITIONS DE L'ŒIL DU SPHINX**

Collection : Les Inclassables n° 4
ISBN : 978-2-38014-069-9
EAN : 9782380140699
ISSN de la collection : en cours
Dépôt Légal : juin 2023
Couverture : photo et modèle, Marie Maitre ©

La réalisation de la couverture est d'André Savéant

Les Poèmes
du Romantisme noir

Choisis et adaptés par
Jean Cadas

LES ÉDITIONS DE L'ŒIL DU SPHINX
36-42 rue de la Villette
75019 PARIS, France
www.œildusphinx.com
ods@œildusphinx.com

Préface

Depuis que j'ai eu connaissance de ces Poèmes du Romantisme noir, je les qualifie de Grand-Œuvre poétique de Jean Cadas, parce qu'ils nous présentent un tour de force réalisé seulement de loin en loin, et qui tient à la conjonction de ces deux mots : traduction poétique. Si l'on veut bien passer par une analogie d'ordre géométrique, la traduction consiste à déterminer la surface d'un cercle et d'un carré ; la traduction poétique, à réaliser la quadrature du cercle – ou plutôt à s'en approcher par approximations puisque, comme on le sait, elle est irréalisable.

La traduction universitaire résout généralement le problème en supprimant le second terme de l'expression, de sorte que la traduction poétique devient, en définitive, une traduction comme n'importe quelle autre, une traduction tout court. Il s'agit dès lors de traduire le texte en visant la fidélité au sens littéral et à lui seul. J'en eus l'illustration la plus complète lorsqu'un professeur émérite me fit part de ses scrupules à effectuer quelques modifications minimes en regard du texte original, soit par exemple l'inversion de certains vers par rapport à d'autres. Étant pour sa part un véritable traducteur poétique, il sait passer outre à ce type de questions, et ne se les pose qu'en raison de sa formation. Mais cela dit beaucoup du pointillisme universitaire, qui peut se concevoir s'il a une visée purement didactique, en particulier pour faciliter l'accès direct à un texte original que le lecteur lit simultanément à la traduction – en supposant donc qu'il est à même d'apprécier les qualités poétiques du texte original, la traduction servant de pur auxiliaire.

Pour le lecteur absolument ignorant de la langue de départ, une telle conception véritablement non poétique de la traduction poétique est en revanche bien insatisfaisante. La poésie *dépasse en effet la délivrance d'une simple communication objective par l'intermédiaire d'une forme plus ou moins neutre : ici, la forme n'est pas seulement présente et importante, comme dans tout texte littéraire prosaïque, elle est omniprésente, elle conditionne à chaque instant la nature même du texte, d'où la difficulté bien spécifique de l'art poétique et de l'exercice de sa traduction. Pour permettre à ce lecteur non-linguiste d'accéder véritablement au texte – c'est-à-dire d'accéder non seulement à sa signification brute mais aussi, mais surtout à sa dimension poétique –, il faut donc aller au-delà de la simple traduction littérale. Telle est la démarche du traducteur* poétique *– et qu'il soit ou non universitaire n'y change pas grand'chose. Le traducteur poétique, même s'il exerce sa fonction de traducteur, n'en demeure pas moins poète ; bien plus, il doit par l'acte même de la traduction faire œuvre de poète, sa qualité de « spécialiste » se rapportant ainsi non seulement à la restitution d'un ou de plusieurs sens du texte (comme il en va pour les traducteurs de façon générale), mais également à la forme de celui-ci. Voilà ce qui distingue le traducteur poétique des traducteurs littéraires qui œuvrent dans le domaine de la prose ; ne voulant certes pas nier l'intérêt, la nécessité même de transposer, dans la traduction romanesque également, quelque chose de la forme du texte initial, je dirai que le traducteur poétique a vocation à porter à son paroxysme un tel souci de fidélité formelle.*

Telle est la tradition des grands traducteurs poétiques tels que Victor Bérard pour L'Odyssée, *ainsi que nos contemporains, le shakespearien Henri Suhamy ou le latiniste Olivier Sers, qui parviennent à la fois à rendre précisément le sens du texte original et à restituer au lecteur quelques reflets du poème initial en ce qu'il a de spécifiquement poétique. Jean Cadas s'inscrit dans cette démarche. Il précise d'ailleurs sous le titre de son livre que les poèmes du romantisme noir ont été choisis et adaptés par lui plutôt que traduits, à la fois me semble-t-il pour souligner la part de créativité qui est la sienne (car le traducteur, en reconstruisant le poème dans sa langue maternelle, y ajoute son empreinte personnelle, dans la mesure où la traduction elle-même est une œuvre poétique) et pour désamorcer les critiques qui pourraient lui être adressées quant à la fidélité d'une traduction. Adaptation, certes ; mais Jean Cadas ne s'éloigne guère des poèmes initiaux dont il respecte à la fois le sens littéral et la construction, allant même la plupart du temps jusqu'à restituer l'alternance des rimes. J'en donnerai un seul exemple, particulièrement significatif en ce qu'il porte sur l'un des textes les plus célèbres de l'histoire de la poésie : dans sa traduction du* Corbeau *d'Edgar Poe, Jean Cadas restitue les assonances internes aux vers là où elles existent...*

J'insiste particulièrement sur les questions formelles car, étant moi-même traducteur poétique, j'en connais le caractère essentiel, et je sais aussi que ces questions sont généralement méconnues, par ignorance ou par paresse. Il me faut dire également quelques mots sur le choix de textes réalisé par Jean Cadas. C'est un tour d'horizon vaste et complet qu'il propose, présentant des poètes incontournables mais allant aussi chez des auteurs que l'on n'attend pas car on les connaît moins, ou on les connaît mieux à d'autres titres que celui de la poésie : Eichendorff, Rückert, Beddoes, Andersen, Lovecraft. Ce tour d'horizon s'étend à de multiples langues : Jean Cadas s'inscrit dans cette vision de la traduction poétique selon laquelle, tout particulièrement pour les langues moins répandues, la traduction poétique ne peut résulter que de la rencontre entre un traducteur essentiellement linguiste et un poète, qui ne connaît pas nécessairement la langue initiale du texte. Tel est un autre signe de la vision large qui caractérise Jean Cadas.

Voici donc, avec ces Poèmes du Romantisme noir, *un florilège qui permet d'aborder, en tant que véritables poèmes dans notre langue, les textes de toute une vaste mouvance poétique dont l'héritage, jusqu'à nos jours, est multiple et durable. Un tel livre est un événement et une chance pour la poésie et pour tous ceux qui l'aiment.*

Jean Hautepierre

Avant-propos

Les Poèmes du Romantisme noir explorent quelques-unes des faces les plus sombres du romantisme. La notion de romantisme a été comprise depuis ses tout débuts jusqu'à ses prolongements ultimes, soit entre 1780 et 1920. Des poèmes de langue étrangère conformes à cet esprit sont proposés en français. La méthode de traduction consistait à retrouver dans le champ de la poésie française – autant que l'adéquation du fond à la forme le permettait – les mètres, les rimes, les agencements rythmiques de leurs modèles. Une telle démarche postule que la versification est un élément constitutif de la poésie romantique.

La première section, intitulée *Le Cycle du Romantisme noir,* rassemble des pièces que l'interprète a jugées parmi les plus significatives. Un classement par thèmes s'avérait trop simpliste, tant ceux-ci s'entrecroisent et se répondent, aussi cette anthologie lui a préféré un ordre chronologique par auteur. *Les Poèmes d'Edgar Allan Poe* ont été rangés à la suite. En effet, sa production poétique, pour l'essentiel, fait du poète la figure emblématique de ce courant.

Reconnaissable grosso modo dans les productions littéraires ou artistiques, le concept de romantisme noir ne se laisse pas aisément circonscrire. Dans la poésie proprement dite, il n'est guère qu'une disposition occasionnelle et très peu de poètes en ont fait leur domaine électif. Plutôt que de s'accommoder de l'attirail gothique, l'horreur gratuite, l'imagination frénétique, la poésie du romantisme noir est fondée sur l'intelligence des mythes enracinés dans l'inconscient.

Les instincts de violence et de destruction s'exercent de préférence sur des êtres innocents. Goethe évoque le sort de l'enfant assailli par un Roi des Aulnes fourbe et prédateur, il chante dans une ballade ambiguë celui de la petite Rose violée dans une bruyère déserte. Chez Coleridge, le meurtre sans raison du candide albatros déclenche un cauchemar qui pourrait représenter le remords du vieux marin.

La nature, refuge des âmes blessées, paraît sous un jour hostile et inhumain. Tandis que Rückert conjure par la parole l'injustifiable mort de ses enfants, Eichendorff envisage une finitude accordée à la course du soleil, des saisons. Pourtant Leopardi s'interroge sur ce qui se trouve au-delà des apparences, et Lovecraft, enfin, conçoit une mère féconde en monstruosités, se jouant de ses créatures. Même l'image heureuse du jardin primordial a pris l'aspect d'une photographie défraîchie.

La séduction amoureuse vampirise le cœur et la raison. Pour n'avoir cessé d'idéaliser la Belle Dame, le chevalier se retrouve seul, égaré, ne pouvant se repaître de l'objet aimé. Heine, après Keats, invite à se défier de Lorelei en des vers d'une portée plus générale : céder au chant des sirènes conduit l'homme et sa petite barque au naufrage.

Shelley, Pouchkine, Andersen stigmatisent l'appétit de domination. Quelle leçon paradoxale que celle qui découle de la déclaration orgueilleuse d'Ozymandias ! Mais l'*Antchar* exprime une contradiction non moins grande : le sacrifice de l'esclave concourt à la guerre et l'asservissement. Une fatalité du même ordre oblige le soldat à fusiller son meilleur ami. La haine, en particulier, instrumentalisée par les puissants, se substitue à la bienveillance. Il reste que la tête de Méduse, qui pétrifie toute vie, témoigne encore par sa beauté de sa condition antérieure.

Le caractère transitoire des êtres et des choses, la fuite du temps, nourrissent le sentiment mélancolique. Selon Keats, c'est sa fugacité qui donne à la beauté tout son prix. Andersen dépeint un enfant juché sur une épave qui s'enchante de ses bulles de savon avant que la vague ne l'emporte. L'imagination fantastique de Lovecraft suscite le spectre d'un village remplacé par une morne banlieue. Ironiquement, Leopardi convoque les momies du docteur Ruysch : délivrées des maux de la vie, elles ont perdu toute aptitude au bonheur.

Expérience ô combien décisive que la connaissance de soi ! En empruntant le sentier dérobé qui mène à la Tour Noire, Roland prend conscience de l'omniprésence du mal. La Terre infectée s'est dégradée. L'ignoble cheval mort-vivant reflète l'état de la chevalerie, car les preux qu'il admirait se sont déshonorés. Partout subsistent des témoignages de massacres, dépravation, supplices. Devant cette Tour Noire dont la vision perturbe l'ordre rationnel, Roland doit trépasser, mourir à ce qu'il fut, sans doute, passer dans un au-delà rédempteur, peut-être. Browning ne conclut pas.

Le poète, lui aussi, vient exposer son cas. En désespoir de cause, l'auteur dramatique Thomas Beddoes s'en remet à la postérité pour voir ses rêves réalisés. Hofmannsthal distingue une personne double. L'une participe au jeu social, l'autre, méditant sur l'opacité du monde, puise inconsciemment le miel poétique enfermé dans des alvéoles. Tennyson, à son tour, suggère ce qui s'entretisse dans la solitude à partir de perceptions issues d'un miroir magique. La tentation de la vie extérieure brise le miroir, déchire l'ouvrage, provoque la cécité et la mort de l'artiste.

Il va de soi que de telles considérations n'ont pas un caractère exhaustif. Il s'agissait tout au plus d'esquisser un fil conducteur, un recensement thématique. Elles ne font qu'effleurer la substance des poèmes, laissant au lecteur le loisir d'exercer ses propres associations d'idées et, pourquoi pas, d'entrevoir un éclairage différent.

Jean Cadas

Le Cycle
du Romantisme noir

Johann Wolfgang von Goethe

LE ROI DES AULNES

Bien tard, par la nuit, par le vent,
Chevauchent le père et l'enfant.
Le père dans ses bras le porte ;
Le tient ferme et le réconforte.

– Mon fils, tu caches ton visage ?
– Du Roi des Aulnes vois l'image,
Père, il a couronne et manteau !
– Mon fils, c'est de la vapeur d'eau.

« Viens, cher enfant, viens avec moi !
Je sais de jolis jeux pour toi,
Maintes fleurs couvrent notre bord
Et ma mère a tant d'habits d'or. »

– Oh, mon père, n'entends-tu pas
Ce que le Roi me dit tout bas ?
– Sois sage, mon enfant, sois sage !
C'est le vent dans le vieux feuillage.

« Gentil garçon, viens avec moi !
Mes filles prendront soin de toi,
Mes filles, qui dansent en rond,
Pour mieux te bercer chanteront. »

– Oh, mon père, en ces mornes zones,
Vois les filles du Roi des Aulnes !
– Mon fils, je les ai reconnus :
Les saules sont gris et chenus.

« Je t'aime et cède à ton amorce ;
De gré, tu viendras, ou de force. »
– Mon père, avec son poing brutal,
Le Roi des Aulnes m'a fait mal !

Le père frémit. D'un train vif,
Serrant sur lui l'enfant plaintif,
À grand peine, il arrive au port ;
Dans ses bras son fils était mort.

Johann Wolfgang von Goethe

PETITE ROSE DES BRUYÈRES

Un jeune gars vit une rose,
Petite rose des bruyères,
Du matin toute fraîche éclose.
Sur elle son regard se pose,
Joyeux de ses grâces premières.
Rose, petite rose rouge,
Petite rose des bruyères.

Il lui dit : « Je te cueillerai,
Petite rose des bruyères ! »
Rose dit : « Je te piquerai,
Dans tes pensers je resterai
Celle qui blâme tes manières. »
Rose, petite rose rouge,
Petite rose des bruyères.

Le mauvais sujet l'attaqua.
Petite rose des bruyères
Pour se défendre le piqua.
Ce fut peu : lui, qui s'en moqua,
La cueillit malgré ses prières.
Rose, petite rose rouge,
Petite rose des bruyères.

Samuel Taylor Coleridge

LA BALLADE DU VIEUX MARIN (II-III)

Comment un navire, ayant d'abord fait voile vers l'Équateur, fut drossé par les tempêtes vers les Régions froides voisines du pôle Sud ; comment le Vieux Marin, par pure cruauté et au mépris des lois de l'hospitalité, tua un oiseau de mer et comment il encourut maintes justices étranges ; et de quelle manière il regagna son pays.

II

Le soleil se levait à droite,
Il émergeait, de brume enclos ;
Et sur la gauche, encor voilé,
Il se couchait au sein des flots.

Le bon vent du sud nous poussait,
Mais nul oiseau suivant le train ;
Pas un pour manger, pour jouer,
N'irait à l'appel du marin !

J'avais commis l'acte infernal
D'où le malheur eut son emprise.
On me blâma d'avoir tué
L'oiseau qui fait souffler la brise.
« Misérable, dit-on, tuer
L'oiseau qui fait souffler la brise ! »

L'astre divin n'était ni rouge
Ni voilé quand nous l'aperçûmes.
On me loua d'avoir tué

L'oiseau qui fait poindre les brumes.
« Il est bon de tuer, dit-on,
L'oiseau qui fait poindre les brumes. »

L'air soufflait, l'écume volait.
Y laissant une trace creuse,
Nous forcions, les premiers, l'accès
De cette mer silencieuse.

Le vent tomba, lâcha les voiles.
Jamais tristesse si profonde
Ne sévit. Nos paroles seules
Rompaient le silence de l'onde.

Dans la chaleur d'un ciel de cuivre,
Juste au-dessus du mât de hune,
Le soleil sanglant de midi
N'était pas plus gros que la lune.

Jour après jour, jour après jour,
Nous demeurâmes à l'arrêt,
Impuissants comme un vaisseau peint
Sur une mer que l'on peindrait.

De l'eau, de l'eau de tous côtés,
Et la coque se tassait toute.
De l'eau, de l'eau de tous côtés,
Sans que l'on pût boire une goutte.

L'océan pourrissait. Ô Christ !
Que ceci ne fût pas exclu !
Des choses gluantes à pattes
Rampaient sur une mer de glu.

Autour, autour, la nuit durant,
Les feux de mort formaient la ronde ;

Comme l'huile d'une sorcière,
Verte, bleue et blanche était l'onde.

Et plusieurs le surent en rêve :
L'esprit qui nous tendit ce piège
Nous suivait, sous neuf brasses d'eau,
De ces lieux de brume et de neige.

De soif intense, chaque langue
Se flétrissait jusqu'à la souche.
On ne saurait pas plus parler
Quand la suie emplit votre bouche.

Malheur à moi ! jeunes et vieux
Dans un regard m'avaient maudit.
À mon cou, plutôt que la croix,
C'est l'albatros qu'on suspendit !

III

Les jours nous furent accablants,
La gorge sèche et l'œil vitreux.
Ô ces jours accablants, ces jours !
Et ces regards, las et vitreux !…
Mais face aux rayons du couchant,
Je vis quelque chose sur eux.

D'abord une petite tache,
Et puis une brume, une nue,
En dépit de son inconstance
Prenant une forme connue.

La tache, la brume, la forme…
De proche en proche, elle accourait ;

Esquivant peut-être un esprit,
Ça plongeait, louvoyait, virait.

Muets, gorge en feu, lèvres cuites,
Tous altérés jusqu'à la moelle
Ne riant ni ne gémissant,
Je mordis mon bras, bus mon sang
Pour dire : « Une voile ! une voile ! »

Et tous, gorge en feu, lèvres cuites,
D'entendre ces mots sans y croire ;
Grimaçant d'aise, Dieu merci !
Leur souffle tout d'un coup forcit
Comme l'on aspire après boire.

« Il ne vire plus, m'écriai-je,
Voyez-le venir à notre aide !
Ni vent ni houle ne l'agitent
Et sur sa quille il se tient raide. »

L'onde à l'occident flamboyait,
Le jour achevait ses adieux.
L'onde fut à peine effleurée
Par le grand soleil radieux,
Que la forme étrange prit place
Entre le soleil et nos yeux.

L'astre apparut barré de noir
(Mère des Cieux, faites-nous grâce !),
Derrière une grille de geôle
Se montrait sa brûlante face.

« Las ! pensai-je, le cœur battant,
Que ce vaisseau presse l'allure !
Ces folles toiles d'araignée
Au soleil, est-ce une voilure ?

Et sa charpente, est-ce une grille
Où du soleil filtrent les bouts ?
Cette femme, est-ce l'équipage ?
Elle et La Mort, est-ce un ménage,
Et le squelette, son époux ? »

La femme avait les lèvres rouges,
Le regard cru, les cheveux d'or,
La peau blanche de lèpre. On nomme
Ce cauchemar Vie-en-la Mort,
Lui qui transit le sang de l'homme.

L'épave accosta le navire.
Ils jetaient les dés, ces deux-là.
« C'est fini, j'ai gagné ! » dit-elle.
Et trois fois la femme siffla.

Soleil qui plonge, astres qui fusent :
D'une traite arriva la nuit.
Avec un persistant murmure,
Le vaisseau fantôme s'enfuit !

Prêtant l'oreille, on reluquait.
De ma vie admise au banquet,
La peur suçait toutes les moelles.
J'observais les astres pâlots ;
Le barreur, blanc sous les falots ;
La rosée imbiber les voiles.
Puis le croissant gravit l'espace ;
Il rehaussait sa corne basse
De la plus vive des étoiles.

L'un après l'autre, au clair de lune,
Sans un soupir, sans une plainte,
Ils me maudirent d'un regard
Où l'angoisse avait son empreinte.

Quatre fois cinquante existences,
Sans soupir ni gémissement,
Tour à tour, objets insensibles,
Se laissèrent choir lourdement.

Vers le bonheur ou le malheur,
Leur âme s'envolait seulette ;
Chacune passa près de moi
Comme siffle un trait d'arbalète !

Joseph von Eichendorff

AU CRÉPUSCULE

La joie au cœur et la souffrance,
Nous avancions main dans la main ;
La terre à présent fait silence :
Nous nous reposons du chemin.

Autour déclinent les vallées,
L'air s'assombrit dorénavant.
Deux alouettes envolées
Rêvent dans les parfums du vent.

Approche-toi ! Leur chant nous reste
Et voici l'heure du coucher ;
Par cette solitude agreste,
Il ne faut pas nous détacher.

Quelle paix dans le vaste monde,
Au sein d'un soleil qui s'endort !
Notre fatigue est si profonde –
Se peut-il que ce soit la mort ?

Joseph von Eichendorff

LA VIEILLESSE

Le chemin des oiseaux passe entre les nuages.
Sur le sol assoupi seul un aster détonne.
Fini le temps joyeux des chansons qu'on entonne,
Un sombre hiver revêt les lointains paysages.

L'horloge fait tic-tac. Ce sont de doux ramages
Que ceux du passereau capturé cet automne.
Une froide tempête au logis te cantonne
Et le passé devient comme un livre d'images.

La vieillesse, il me semble, accorde le bien-être.
Attends ! le long des toits la neige s'est réduite,
Dans la nuit le vent tourne après tant d'inclémence.

Un messager gaiement frappera ta fenêtre.
Surpris, tu sortiras – sans revenir ensuite,
Car il ne peut cesser le printemps qui commence.

Friedrich Rückert

CHANTS FUNÈBRES
POUR DES ENFANTS

Je sais pourquoi plus d'une sombre flamme
À tout moment jaillissait de tes yeux,
Dans un regard, je ne puis dire mieux,
Que le concert de leurs forces réclame.

Mais sans noter, confuse était mon âme,
L'enchaînement du sort mystérieux.
Car le rayon s'en retournait aux cieux
Dont les rayons font resplendir la trame.

Que me disaient tes rayons ? « Près de toi
Nous aimerions ne jamais cesser d'être –
Mais le destin nous a marqués du doigt :

Regarde-nous, nous allons disparaître !
Ainsi, des yeux que votre jour conçoit,
La nuit venant, deux étoiles vont naître. »

Friedrich Rückert

CHANTS FUNÈBRES
POUR DES ENFANTS

Je crois les voir se promener,
Ils seront bientôt de retour.
Le jour est beau, ah ! ne crains rien,
Ils sont peut-être allés plus loin.

Ils ne font que se promener,
Ce soir, ils seront de retour.
Ah ! ne crains rien, le jour est beau,
Aussi sont-ils partis là-haut.

Partis sans nous se promener,
Ils ne songent pas au retour.
Nous les retrouverons là-haut.
Sous le soleil, le jour est beau.

Percy Bysshe Shelley

SUR LA MÉDUSE
DE LÉONARD DE VINCI
DANS UN MUSÉE FLORENTIN

Il fixe du regard la voûte de minuit,
Ce chef sur un sommet nuageux culbuté.
Le lointain horizon tremble au-dessous de lui :
Son horreur est divine ainsi que sa beauté.
Un charme s'abouchant à l'ombre vous séduit,
Sur ses paupières, sur ses lèvres attesté ;
En son sein, de fiévreux, de sinistres combats
Scellent le désespoir, l'angoisse du trépas.

Mais la grâce, plutôt que l'horreur, se fait fort
De convertir l'esprit du spectateur en pierre,
Elle y grave les traits de ce visage mort
Et son empreinte, en lui, s'impose de manière
Qu'en pensée il ne puisse expliquer cet apport.
Les tons mélodieux d'une beauté première,
Jetés sur la ténèbre et l'éclair des douleurs,
Humanisent l'outrance, accordent ses couleurs.

De celle d'un vrai corps la tête a pris l'allure ;
Comme un moite rocher sent l'herbe remuer,
Des vipères lui font une autre chevelure,
S'entremêlent toujours, ne cessent de nouer,
Dénouer leurs longs plis, sertir chaque annelure
D'un splendide métal qui semble bafouer
La torture et la mort de l'âme, et l'étendue
De plus d'une mâchoire affreusement mordue.

Sur la pierre voisine, un nocif lézard gris
S'abstient de regarder la Gorgone de face,
Tandis que dans les airs, cette chauve-souris,
Voltigeant sans raison, surgit d'une crevasse.
Quelque mystérieux éclat les a surpris,
Tel celui de la lampe où l'insecte s'agace;
Et le ciel de minuit reçoit une clarté
Plus effroyable encor que son obscurité.

C'est le tumultueux attrait de la terreur;
Les lumières d'airain qui naissent des serpents
Enjoignent d'affronter l'inextricable erreur.
Une vapeur frémit mais demeure en suspens,
Miroir de la beauté mouvante de l'horreur,
Autour de cette tête aux attributs frappants –
Un visage de femme, un vestige mortel,
Du haut de ce rocher fixe des yeux le ciel.

Percy Bysshe Shelley

OZYMANDIAS

Un voyageur me dit : « Dans une terre antique,
Sous deux jambes de pierre énormes et sans tronc,
On distingue, émergeant du sable désertique,
Un visage brisé dont se durcit le front,

Dont le rictus de froide autorité nous livre
Autant de passions que le sculpteur comprit.
Dans l'insensible objet, chacune a pu survivre
À la main qui l'imite, au cœur qui la nourrit.

Et sur le piédestal ces mots sont insérés :
Moi, Ozymandias, je fus le roi des rois.
Voyez mon œuvre, et vous, puissants, désespérez !

Il ne subsiste rien que les débris chenus
De cette colossale épave. En tous endroits
Les sables sont présents, solitaires et nus.

John Keats

LA BELLE DAME SANS MERCI

I

Oh ! quel mal te fait, chevalier,
Cheminer pâle et solitaire ?
Près du lac les joncs se flétrissent ;
    Les oiseaux vont se taire.

II

Oh ! quel mal te fait, chevalier,
Si hagarde et si triste mine ?
L'écureuil achève un grenier,
    La moisson se termine.

III

Je vois sur ton front comme un lis,
D'angoisse et de fièvre il dégoutte.
Sur ta joue une rose passe
    Et puis se flétrit toute.

IV

J'ai rencontré l'enfant des fées,
La belle dame des bocages,
Aux cheveux longs, aux pieds légers,
    Aux yeux presque sauvages.

V

Sur sa tête, ses bras, sa taille,
Je mis une tresse odorante ;
Ses regards la montraient éprise,
Ses lèvres, soupirante.

VI

Je l'assis sur mon palefroi,
Ma vue à la sienne greffée ;
Son col penchait pour que j'ouïsse
Une chanson de fée.

VII

Elle fournit le miel, la manne,
Mainte racine délectable ;
Et dit m'aimer, en langue étrange,
« D'un amour véritable ».

VIII

Parvenus à sa grotte elfique,
Elle y pleura, lâcha son trouble ;
Et je fermai ses yeux sauvages,
Chacun d'un baiser double.

IX

Elle m'y fit dormir, rêver
(Pour mon malheur étant câline !)
Le dernier rêve qui fut mien
Sur la froide colline.

X

Je les vis, rois pâles et princes,
Guerriers d'une pâleur mortelle,
Crier : « La Dame sans Merci
        Te tient sous sa tutelle ! »

XI

Je les vis m'alerter dans l'ombre,
Leur bouche béant de famine.
Enfin, je m'éveillai non loin,
        Sur la froide colline.

XII

C'est pourquoi je demeure ici,
Vagabond pâle et solitaire,
Bien qu'au lac les joncs se flétrissent ;
        Les oiseaux vont se taire.

John Keats

ODE SUR LA MÉLANCOLIE

Ne va pas au Léthé, ni ne tords, pour un vin
Vénéneux, l'aconit à la rude racine ;
De baiser ton front blanc, ne défends pas en vain
La belladone, ardent raisin de Proserpine ;
N'assemble pas les grains de l'if en chapelet ;
Ne laisse l'escarbot ni le sphinx investir
Ta funèbre Psyché, ni l'ouateuse chouette
Que parmi tes chagrins le mystère appelait ;
Car l'ombre accroissant l'ombre essaierait d'amortir,
De noyer dans ton âme une angoisse inquiète.

Mais vienne par accès cette mélancolie,
Comme un nuage au ciel, soudain, pleure ses eaux
Qui raniment des fleurs dont la tête se plie
Et d'un linceul d'avril cachent les verts coteaux,
Que ta peine à la rose aussi bien s'alimente,
À l'arc-en-ciel du bord salé sous quelque vague,
Ou bien à la pivoine, orbe si précieux ;
Quant au riche courroux montré par ton amante,
Serre sa douce main tandis qu'elle extravague
Et bois, bois les regards sans pareils de ses yeux.

Sa demeure est Beauté – Beauté qui doit mourir ;
Joie encor, dont la main portée aux lèvres touche,
Éternisant l'adieu, le douloureux Plaisir
Qui se change en poison quand butine la bouche.
Oui, dans le temple même où se tient Jouissance,

Mélancolie impose un autel souverain ;
Celui qui peut le voir sait, d'une langue ardue,
Contre son fin palais faire éclater le grain
De la Joie. Éprouvant cette triste puissance,
Son âme, obscur trophée, y sera suspendue.

Heinrich Heine

LA LORELEI

Je ne sais ce que présage
Cette humeur qui m'assombrit.
Certain conte d'un autre âge
Point ne sort de mon esprit.

Le vent fraîchit, la nuit tombe,
Le Rhin flâne en s'épanchant ;
Un rocher qui le surplombe
S'allume aux feux du couchant.

La plus belle jeune fille
S'y trouve, objet merveilleux
Dont l'or des bijoux scintille,
Qui peigne ses blonds cheveux.

Elle chante une romance
En passant son peigne d'or ;
Un air d'une force immense
Et bien plus étrange encor.

L'homme en sa petite barque
Ressent un mal démentiel ;
C'est l'écueil qu'il ne remarque,
Les yeux tournés vers le ciel.

L'onde engloutit, somme toute,
Et la barque et le nocher…
Mieux vaut que nul ne l'écoute,
Lorelei sur son rocher !

Giacomo Leopardi

L'INFINI

J'aimai toujours cette colline nue
Et cette haie excluant du regard,
Par maint côté, le lointain horizon.
Assis, je m'émerveille à concevoir
Des espaces sans borne, un surhumain
Silence, un calme absolument profond
Situés au-delà, et peu s'en faut
Que le cœur ne s'effraie. Entre les feuilles,
J'entends le vent se plaindre, et je compare
Cet infini silence à cette voix.
J'évoque alors ce qui ne passe point,
Les défuntes saisons, puis la présente,
Si vive en sa rumeur. Dans une telle
Immensité s'abîme ma pensée :
Et doux m'est le naufrage en cette mer.

CHŒUR DES MORTS

Seule puissance éternelle en ce monde
    Où revient toute chose,
    Ô Mort ! en toi repose
    Notre nature nue ;
    Sans mieux, mais défendue
De l'antique douleur. La nuit profonde
    En notre âme confuse
    Voile de lourds pensers ;
À l'espoir, au désir, l'aride esprit
    Désormais se refuse :
Affranchi de l'angoisse et de la peur,
    Il résout sans ennui
    Des âges lents et vides.
Oui, nous vivions. Comme l'affreux fantôme
    D'un rêve fait en nage,
    L'inconsistante image
Flotte dans l'âme éclose de l'enfant,
    Voilà notre mémoire
De l'existence, encor qu'en soit bannie
    La peur. Qu'étions-nous donc ?
    Quel fut l'instant cruel
    Que l'on nomme la vie ?
    Ce n'est plus à présent
Qu'un sujet de mystère et de stupeur ;
    De même se révèle,
Pour les vivants, l'énigme du trépas.
Comme elle a fui le tourment de mourir,
    Notre nature nue,
    Sans mieux mais défendue,

Fuit la flamme vitale.
Quant au bonheur, le sort
Qui l'empêche au mortel, l'empêche au mort.

Dialogue de Frédéric Ruysch et de ses momies.
Petites Œuvres morales.

Alexandre Pouchkine

L'ANTCHAR

Sur un sol maussade, infertile,
Par le plus brûlant des déserts,
L'Antchar, tel un veilleur hostile,
Reste unique dans l'univers.

La nature, un jour de colère,
Le fit naître à l'écart des eaux ;
Le gorgea d'un suc délétère
Des racines jusqu'aux rameaux.

Le poison qui sort de l'écorce
Fond sous la chaleur de midi ;
En gomme vitreuse il se corse
Dès que le soir l'a refroidi.

Ni l'oiseau ne se manifeste,
Ni le tigre. Un noir tourbillon,
S'il a frôlé l'arbre funeste,
Emporte au loin l'infection.

Et si quelque nue en voyage
Arrose son dais rabougri,
De l'eau s'égouttant du feuillage
Le sable en feu se trouve aigri.

Mais l'œil impérieux de l'homme
A su mettre un homme en chemin.
Il vint à l'arbre, y prit la gomme,
Et reparut le lendemain.

Il remit la branche mortelle
Où le poison s'était fixé ;
Aussi la sueur coulait-elle
De son front livide et glacé.

C'est sous la tente à l'oriflamme
Qu'il la remit en s'affaissant
Et, pauvre esclave, rendit l'âme
Aux pieds du maître tout-puissant.

Alors des flèches serviables,
Que le roi munit de poison,
Frappèrent à mort ses semblables,
Des gens par-delà l'horizon.

Thomas Lovell Beddoes

COLPORTAGE DE RÊVES

S'il était des rêves à vendre,
    Qu'achèteriez-vous ?
Dans l'un le glas se fait entendre ;
    Dans l'autre le doux
Soupir de la rose ravie
À la couronne de la vie.
S'il était des rêves à vendre,
Joyeux et tristes à tout prendre,
Quand le crieur se fait entendre,
    Qu'achèteriez-vous ?

Un toit tranquille et solitaire,
    Des ombrages frais
Où mes malheurs daignent se taire,
    Alors j'y mourrais.
Mais la couronne de la vie
De cette perle ôte l'envie.
Pour un seul rêve salutaire,
C'est aussi bien tout l'éventaire
    Que j'achèterais.

J'ignore les rêves à vendre
    Qu'on doive acquérir ;
La vie est un rêve, et l'apprendre
    Éveille à mourir.
S'enticher d'un rêve sans prix
Suscite l'essor des esprits ;
Et s'il m'incombait de me rendre

Où la source vient se répandre,
    Ah, lequel choisir ?

Si les esprits vont s'éveiller,
    Battons le rappel
Dans le sombre enfer tout entier,
    Dans l'azur du ciel !
Se pourrait-il que je revoie
Le cher garçon qui fut ma joie ?
Mais point d'esprits à réveiller ;
Hors de la mort point de sentier ;
    Vain est cet appel.

Cesse de vouer aux esprits
    De fausses amours.
Rends le dernier souffle et péris :
    Voici mon recours.
Depuis la couronne vitale,
Tu devras choir comme un pétale.
Ainsi, la cour faite aux esprits,
Prendront corps tes rêves chéris ;
    Rejoints pour toujours.

Hans Christian Andersen

LE VOLEUR

Un enfant se trouve au berceau ;
Il dort d'un sommeil sans mélange.
Sa mère invoque le Très-Haut
Et croit se pencher sur un ange.

Elle embrasse l'enfant joufflu,
Quitte des souffrances amères ;
Un destin lui est dévolu
Tel qu'en rêvent toutes les mères.

Mais quelle chanson que la leur,
Ces corbeaux devant la fenêtre :
« Ton ange est un futur voleur
Et nous viendrons nous en repaître ! »

Hans Christian Andersen

LE SOLDAT

Le tambour sourdement résonne.
Arriverons-nous, qu'on lui donne
Un cercueil où se reposer ?
Ah ! je sens mon cœur se briser !

Cet ami que j'aimais si fort,
Il faut le conduire à la mort.
En fanfare, on va par la ville,
Et moi, le troupier, je défile !

Il jette un regard dans la nue,
Maintenant son heure est venue.
On l'attache à ce bois infâme –
Dieu prenne pitié de ton âme !

Ils sont neuf à le mettre en joue ;
Huit en tout dont le tir échoue,
Tant leur main tremblait de douleur –
Moi seul, j'ai tiré droit au cœur !

Hans Christian Andersen

TABLEAUX IMAGINAIRES

Mein dunkles Herze liebt Dich,
Es liebt Dich und es bricht,
Und bricht und zuckt und verblutet,
Aber Du siehst es nicht.

Heinrich Heine

Ni d'herbe ni de fleurs, ni de rocher géant,
Rien qu'un ruban de sable à travers l'océan.
Immense et désolé, tel est ce promontoire !
Une dune stérile où mainte épave noire,
D'algues enveloppée, observe en tête à tête
Les flots naître et mourir aux sons de la tempête.
Des profondeurs, le phare a dissipé les voiles ;
D'elles-mêmes, là-haut, s'allument les étoiles ;
Sans approcher ces bords par les flots envahis,
Le navire se rend vers de lointains pays.
Mais à la pointe ultime où la vague le brave,
Un enfant s'est assis, juché sur une épave.
Il fait si joliment des bulles de savon,
Alors qu'en longs soupirs les vagues se défont ;
Les bulles du bonheur, des rêves de l'enfance,
Au gré des airs changeant de couleur, de nuance.
Ce ne sont que désirs, promesses de l'amour,
Et, fort étrangement, les épaves autour
Élèvent leur flanc noir sur la blancheur des sables ;
Et les esprits du vent, ces voix intarissables,
Chantent par le désert cet amour enivrant ;

Et, toutes en soutien, les vagues décorant
Ces épaves d'un drap que les algues leur font...
Mais lui, l'enfant, n'a pas compris ce chant profond.
Dans les bulles qu'il fait avec assiduité,
Son cœur puise la vie et la sérénité,
Les élans pour lesquels son buste se soulève...
Ainsi la vague s'enfle et l'arrache à la grève !
Sous les étoiles seule, une dernière bulle,
La bulle du désir, du rêve qui vous brûle,
Monte dans l'atmosphère, éclate en un moment...
Et des flots se poursuit l'éternel roulement !

Alfred Tennyson

LA DAME D'ESCALOT

I

Les versants d'un fleuve aux flots verts
D'orge et de seigle sont couverts.
Les champs remplissent l'univers
Et la route seule, à travers,
Mène aux remparts de Camalot.
Mais les gens, qui font mille pas,
Des lis contemplent les appas ;
Ils ornent une île, plus bas,
    C'est l'île d'Escalot.

Saules blancs, trembles agités,
Souffles ternissant leurs clartés,
Ces flots pour jamais emportés
Baignent l'île de tous côtés,
Et le fleuve atteint Camalot.
Quatre tours, autant de murs gris,
Dominent des jardins fleuris ;
L'île est son paisible pourpris,
    La Dame d'Escalot.

Près des bords, de saules voilés,
Glissent de lourds chalands halés
Par de lents chevaux attelés ;
Des esquifs que nul n'a hélés
Ont fait voile vers Camalot…
De sa main quel signe a pu naître ?

Qui l'a vue ouvrant sa fenêtre ?
Ou bien qui prétend la connaître,
    La Dame d'Escalot ?

Néanmoins, très tôt dans leur champ,
Les moissonneurs, tout en fauchant,
S'égayent d'écouter un chant ;
Le fleuve en ses plis l'épanchant
Porte la voix vers Camalot.
Chaque gerbe, ainsi qu'un trophée,
Par la lune à présent coiffée,
Ils disent, fourbus : « C'est la fée,
    La Dame d'Escalot ! »

II

Tissant de jour, tissant de nuit,
Sa magique étoffe éblouit.
Las ! un mauvais sort la poursuit ;
Malédiction qui l'instruit
De ne jamais voir Camalot.
Elle en ignore la sentence,
Sa tâche impose la constance
Et rien d'autre n'a d'importance,
    La Dame d'Escalot.

Tandis que l'an conduit sa ronde,
Dans son miroir, clair comme une onde,
Paraissent les ombres du monde.
Ces formes dont la route abonde
Vont au marché de Camalot.
Les remous du fleuve tournoient,
Les manants bougons se côtoient,
Les manteaux des filles rougeoient,
    Près des murs d'Escalot.

Jeunettes en bande folâtre,
Abbé chevauchant devers l'âtre,
Cheveux bouclés ou longs, un pâtre,
Un page en habit violâtre,
Prennent congé pour Camalot.
D'autres, dans ce miroir près d'elle,
Des chevaliers sont le modèle :
Elle n'a pas d'ami fidèle,
    La Dame d'Escalot.

Demeure son plaisir d'avoir
Tissé les charmes du miroir ;
Les lueurs funèbres, le soir,
D'un char empanaché de noir
Qu'un chant ramène à Camalot ;
Ou le couple novice encore
Sous la lune qui vient d'éclore.
« Ces ombres me font mal ! » déplore
    La Dame d'Escalot.

III

L'espace d'un trait séparait
Le cavalier dans le guéret ;
Par les feuilles qu'il infiltrait,
Le soleil se réverbérait
Aux grèves du preux Lancelot.
Et l'écu, sur lequel se pâme
Un seigneur dévot à sa dame,
Du guéret jetait une flamme
    Au distant Escalot.

La bride était diamantée,
Traîne d'étoiles incrustée
Qu'on voit dans la Sente Lactée,

Mais de clochettes ébruitée
Dans sa course vers Camalot.
La corne d'argent était ceinte
D'une écharpe à ses armes peinte.
Sous le trot, son harnois qui tinte
        Se jouait d'Escalot.

Allumés par l'azur des cieux,
La selle d'un cuir précieux,
Le cimier, le heaume orgueilleux
Brûlaient, flammèches pour les yeux,
Dans sa course vers Camalot.
Chu des bouquets d'astres, la nuit
Quelquefois s'empourpre d'un fruit ;
Bolide échevelé qui fuit
        Loin des tours d'Escalot.

Son front rayonnait, large et clair.
Des sabots jaillissait l'éclair,
De ses boucles de jais que l'air
Dérobe à son casque de fer,
Dans sa course vers Camalot.
Depuis la berge et l'eau qui passe,
Son éclat submergea la glace.
« Tire-lire », à la même place,
        Fredonnait Lancelot.

Foin de tissage et de navette,
En trois pas elle fit retraite ;
Voulut voir sur l'eau la fleurette,
Voulut voir le heaume et l'aigrette,
Voir les remparts de Camalot.
Lors l'ouvrage se démailla ;
Le miroir entier s'écailla…
« C'en est fait de moi ! » s'écria
        La Dame d'Escalot.

IV

Le vent d'est assouvit sa rage,
Des bois fanés causant l'outrage,
La plainte du fleuve au rivage ;
Et le ciel bas plut en orage
Sur les remparts de Camalot.
Elle descendit. Une barque
Était sous le saule qui s'arque.
À la proue elle mit sa marque :
    « La Dame d'Escalot ».

Vers le fleuve à la morne ampleur,
Sibylle même en sa torpeur
Soutenant son propre malheur,
De ses yeux vitreux, sans chaleur,
Elle contempla Camalot.
Le jour passait. Dans la gabare
Étendue, elle ôta l'amarre
Pour que l'onde au loin l'accapare,
    La Dame d'Escalot.

Sur la gisante un vêtement
Neigeux s'agitait par moment ;
Les feuilles vinrent doucement,
Et maint nocturne bruissement,
L'accompagner à Camalot.
La barque à vau-l'eau enivrait
D'un chant le saule et le guéret ;
Le dernier qu'elle chanterait,
    La Dame d'Escalot.

Funèbre et saint, l'hymne entrelace
Une voix haute, une voix basse,
Jusqu'à ce que le sang se glace
Et que dans le regard s'efface

Le spectacle de Camalot.
Une maison s'offrait d'abord ;
Mais avant d'atteindre ce port
Son chant s'éteignit dans la mort,
    La Dame d'Escalot.

Près du jardin, de la tourelle,
Sous le balcon, la passerelle,
Près des hauts murs, la forme frêle
Et sa clarté surnaturelle
Flottaient au sein de Camalot.
Des quais ils s'approchèrent donc,
Dame et seigneur, bourgeois ou non,
Et sur la proue on lut son nom :
    « La Dame d'Escalot ».

Qui est-ce ? Quel est cet arroi ?
L'écho des vivats se tint coi
Et dans le clair palais du roi
Se signèrent avec effroi
Les chevaliers de Camalot.
« Est-il visage plus charmant ?
Dit Lancelot pensivement.
Que le bon Dieu lui soit clément,
    La Dame d'Escalot ! »

Robert Browning

LE CHEVALIER ROLAND
S'EN VINT À LA TOUR NOIRE

(Un chevalier en quête de la Tour Noire parle.)

> *Child Rowland to the dark tower came,*
> *His word was still, – Fie, foh, and fum,*
> *I smell the blood of a British man.*

W. Shakespeare, King Lear, III, IV.

I

Il ment à chaque mot, pensai-je tout d'abord,
Cet estropié chenu dont l'œil plein de malice
Cherche si le mensonge a rempli son office ;
Dissimulant ainsi quelque joyeux transport
De voir une victime appelée en renfort,
Sa bouche se contracte et sa lèvre se plisse.

II

Mais que ferait-il d'autre, à l'affût du passant
Qui lui demanderait le bon itinéraire,
Hormis de l'attirer dans une souricière ?
J'imaginais un crâne au rire grimaçant
Et puis une béquille, en se divertissant,
Tracer mon épitaphe au sein de la poussière,

III

Si, d'après son conseil, je quittais mon chemin
Pour le sentier sinistre où, la rumeur l'assure,
Se cache la Tour Noire. En dépit de l'augure,
J'empruntai le tournant qu'il montrait de la main,
Guidé non par l'orgueil, l'espoir du lendemain,
Plutôt par le possible agrément de conclure.

IV

Pour avoir parcouru le monde en vagabond,
Pour avoir consacré des lustres à ma quête,
Mon espoir n'était rien qu'un pâle trouble-fête
À qui le trop heureux succès ne correspond.
Je tentai vainement de réprimer le bond
Que fit mon cœur devant l'aspect de sa défaite.

V

Comme un futur défunt sent la mort l'investir,
Accepte les adieux de chaque camarade,
S'estime déjà mort quand l'un d'eux persuade
Tel autre d'essuyer ses larmes, de sortir
Afin de prendre l'air (puisqu'on le sait partir
Et que le coup du sort n'admet point de parade),

VI

Et de s'inquiéter si, parmi les tombeaux,
L'on apprête le sien, du délai le plus sage
Pour emporter le corps, prévoir selon l'usage
L'écharpe de rigueur, les hampes, les drapeaux…
Or notre homme, qui tend l'oreille à ces propos,
Sans honte ne voudrait différer cet hommage.

VII

Mes souffrances, de fait, n'escomptaient que ce jour.
L'on avait tant parlé d'une étoile maligne,
Parlé de mon accueil dans la Troupe hors ligne
Des chevaliers voués à rechercher la Tour,
Qu'il me semblait normal d'échouer à mon tour.
Un doute subsistait : saurais-je en être digne ?

VIII

Dans un détachement pareil au désespoir,
Je m'étais engagé sur la sente ordonnée
Par l'infirme odieux. Morne fut la journée ;
Le soleil, rougeoyant sous les voiles du soir,
Dardait un œil lugubre, effaré d'entrevoir
La plaine requérir l'ouaille abandonnée.

IX

Au bout de quelques pas, j'eus un trait de raison.
Je m'arrêtai, jetant des regards en arrière
Vers le chemin battu, rien qu'une fois dernière.
Plus le moindre chemin ! Les tons gris d'un gazon,
La plaine simplement jusques à l'horizon.
Un seul choix me restait : poursuivre ma carrière.

X

En avant donc ! Jamais je ne connus, ma foi,
Nature aussi malingre et vile. Aucune aisance :
Trouver des fleurs ? Du cèdre autant chercher l'essence !
Mais l'ivraie et l'épurge, ayant leur propre loi,
Pouvaient se disperser sans qu'on leur fît effroi ;
La bardane à côté serait munificence.

XI

Tous, Inertie, Abus, Misère, eurent beau jeu
De mettre, étrangement, ce terroir en pâture.
« Vois, ou ferme les yeux, disait l'aigre Nature,
Qu'importe mon malheur ; ainsi le promet Dieu :
Le feu du Jugement viendra guérir ce lieu,
Libérer mes captifs, brûler sa glèbe impure. »

XII

Qu'un chardon loqueteux surpassât ses voisins,
On le décapitait pour ne point vexer l'herbe.
Quel est celui qui perce et déchire la gerbe
De cette patience, immole ses desseins
D'épanouissement sous des coups assassins ?
En brute il la traita, c'était un cœur acerbe.

XIII

Tels des poils de lépreux, l'herbe, s'éparpillant,
Semait de minces brins le sol de la prairie.
La boue avec du sang m'apparaissait pétrie.
Roide, aveugle, un cheval au squelette saillant
Surgit d'on ne sait où, serviteur défaillant,
Balourd, que réforma l'infernale écurie.

XIV

Vivant ? non, plutôt mort ! Un semblant d'animal
Doté d'un maigre cou dont la chair se retrousse
Et, contre ses yeux clos, d'une crinière rousse.
Ce grotesque attentat, je le crus anormal ;
Il faut être pervers pour mériter ce mal.
Une pareille bête à la haine vous pousse !

XV

En dehors de mon cœur, je chassai tout regard ;
Et comme l'homme avant de combattre veut boire,
Je bus joyeusement le vin de ma mémoire.
Chacun doit de son mieux répondre de sa part :
S'assurer puis agir – du soldat voici l'art !
L'esprit du temps passé rend l'ordre péremptoire.

XVI

L'image de Cuthbert déjà me réjouit ;
Ses cheveux d'or bouclés, sa face rougissante…
Cher ami, se peut-il encor que je ressente
Ton bras s'offrir au mien, lui prêter son appui,
Se plaire à m'attarder ? Hélas, honteuse nuit
Qui glaça dans mon sein cette flamme innocente !

XVII

Gilles fut l'honneur même. Ah ! je me rappelais :
On l'adouba dix ans plus tôt pour sa droiture.
Ce qu'un homme loyal entreprend d'aventure,
Il s'en vantait. Fi donc ! On le traduit aux plaids ;
Affublé d'un cartel que lisent ses varlets,
Leurs brocards, leurs crachats, flétrissent l'imposture.

XVIII

D'un tel passé, pourquoi ne m'étais-je dépris ?
Enfonçons-nous parmi les feux du crépuscule !
Aucun bruit. La clarté dans les lointains recule.
Le noir, qu'enverra-t-il ? hibou, chauve-souris ?
Or une irruption sur ces champs assombris
Vint m'ôter des pensers que l'ennui véhicule.

XIX

Un ruisseau s'opposait à mes pas incertains,
Véritable serpent se dressant en barrage.
Non de ces lentes eaux voisines de l'ombrage,
Mais un torrent de flots effrénés et mutins
Où baignerait le pied brûlant des diablotins
Avec ses tourbillons pleins d'écume et de rage.

XX

Chétif et dangereux ! Les arbres de ce bord,
Des aulnes rabougris, plongeaient tête baissée ;
Des saules dégouttant, saisis d'une poussée
De muet désespoir, lui demandaient la mort.
Le ruisseau, convaincu de leur causer ce tort,
Ne voulait s'attendrir ni rompre sa lancée.

XXI

Je le franchis à gué, au risque, ce faisant,
D'effleurer une joue humaine de ma chausse ;
De sentir mon épieu, pointé dans quelque fosse,
Happer une tignasse ou barbe y reposant !
Je ne blessai qu'un rat dont le cri déplaisant
Tenait du nourrisson sa note aiguë et fausse.

XXII

J'atteignis l'autre rive, enfin rasséréné.
J'allais tâter d'un sol moins ingrat. Vaine attente !
Quels ennemis, livrant une guerre évidente,
En firent ce bourbier pour l'avoir piétiné ?
Des crapauds querelleurs d'un lac empoisonné ?
Des chats sauvages pris dans une cage ardente ?

XXIII

Car l'assaut fut donné dans un lieu circonscrit ;
Nullement cette plaine – une enceinte au contraire !
Ni trace pour s'y rendre et ni pour s'en extraire :
Un terrible breuvage affolait leur esprit,
Tels ces Chrétiens, ces Juifs, que la galère aigrit
Et que le Turc déchaîne afin de se distraire.

XXIV

Pis encor, trois cents pas au-delà, j'aperçus
Cet engin, cette roue… À quel emploi perfide
L'avait-on réservée ? Hélas, elle dévide
Comme une soie humaine entrailles et tissus !
Ses dents d'acier rouillé s'ébréchant là-dessus,
L'Enfer dut se lasser de sa tâche homicide.

XXV

Je découvris ailleurs les vestiges d'un bois.
Dans un ancien marais gisait plus d'une souche.
Bois, marais, maintenant terre incurable et louche…
Autant l'idiot s'amuse et détruit quelquefois
Ce qu'il a fait, laissant flaques, fange et gravois ;
Ensuite à l'abandon la disette s'abouche.

XXVI

Des pustules ici, de funeste couleur,
Et là certains dépôts quand la glaise inféconde
Exprime de la mousse une sanie immonde ;
Puis la fente d'un chêne hébété dont l'ampleur
Évoquait une bouche ouverte avec horreur
Et convulsée au point que l'âme se débonde.

XXVII

Quoi qu'il en soit, toujours aussi loin de mon but !
Et rien que le soleil en train de disparaître,
Lui seul pour indiquer la sente où je m'empêtre !
Or un grand oiseau noir, dragon de Belzébuth,
Accourut en planant. Son aile de cuir brut
D'un souffle me frôla : le présage peut-être ?

XXVIII

Soudain les environs, d'ombres débarrassés,
Trahirent un nouvel aspect. La plaine basse
À des rangs de montagne avait cédé la place –
Mettons d'affreux coteaux pêle-mêle entassés.
J'en fus abasourdi plus que vous ne pensez !
Comment leur échapper, me tirer de l'impasse ?

XXIX

Je ne puis dire quand, mais j'eus le sentiment
D'avoir été l'objet de quelque sortilège –
Dans un accès de fièvre, un cauchemar, que sais-je ?
Toute avance m'était impossible. Au moment
De rebrousser chemin se fit un craquement,
Comme une trappe alors se referme et vous piège.

XXX

En un éclair, j'appris qu'il s'agissait des lieux !
À ma droite, deux monts arqués, taureaux en lutte
Et corne contre corne. À ma gauche, une butte,
Large éminence chauve… Ignare, cerveau creux,
Cesse de t'assoupir et frotte-toi les yeux,
Tu ne vécus jamais que pour cette minute !

XXXI

Vois ! n'est-ce pas la Tour au centre du chaos,
Astreinte à sa folie, impénétrable et ronde,
Faite d'un appareil de pierre unique au monde ?
L'elfe de la tempête ourdit de tels complots,
Il montre en se moquant l'écueil aux matelots
Lorsque la coque flanche et que s'engouffre l'onde.

XXXII

Vous ne sauriez la voir ? La nuit descend, je crois…
Non, le jour reparut ! Avant qu'il ne s'en aille,
Les derniers feux du soir jaillirent d'une faille.
Ainsi que des géants, mâchoire entre les doigts,
Les monts subodoraient l'animal aux abois :
« Frappez jusqu'à l'occire – et d'estoc et de taille ! »

XXXIII

Vous ne sauriez l'entendre ? Un bruit prend son essor…
Le tumulte croissait, cloches carillonnées
Clamant des paladins les noms, les destinées –
Et qu'un tel était brave, et qu'un tel était fort,
Et ce troisième heureux… Tous promis à la mort !
Le glas retentissait qui sonna tant d'années.

XXXIV

Rangés au pied des monts comme un cadre vivant
Pour un nouveau tableau, chacun saurait l'histoire
De mon suprême instant. Dans l'éclat d'une gloire,
Je reconnus les preux côtoyés si souvent,
Et je soufflai sans crainte avec mon olifant :
« Le chevalier Roland s'en vint à la Tour Noire ! »

Hugo von Hofmannsthal

BALLADE DE LA VIE EXTÉRIEURE

Et des enfants grandissent, le regard profond.
Eux qui ne savent pas grandissent pour mourir,
Et selon leur chemin tous les êtres s'en vont.

Naissant dans l'âpreté, les fruits doivent mûrir
Et tomber à la nuit comme des oiseaux morts.
Ils gisent quelque temps, puis on les voit pourrir.

Et toujours le vent souffle, et tant de fois, dès lors,
Nous entendons des mots, les servons aux débats,
Et sentons le plaisir, la fatigue des corps.

Des routes passent par les prés. Des lieux, là-bas,
Renferment des flambeaux, des arbres, des étangs,
Et d'autres, menaçants, la rigueur du trépas…

Pourquoi sont-ils nombreux ? pourvus en habitants ?
Dissemblables au point de refléter chez eux
Ce teint blême, ces pleurs, ce rire intermittents ?

Qu'importe tout cela, qu'importe tous ces jeux !
Adultes accomplis, mais sans cesse en retrait,
Nous poursuivons un but ignoré de nos vœux.

Qu'importe d'en avoir trop vu !… Quand ce serait,
Il en dit long celui qui lâche ces paroles :
« Voici le soir », autant de sens et de regret

Coulent comme un miel lourd du creux des alvéoles.

Stefan George

DANSES TRISTES

Tu t'approches du foyer
Où toute braise succombe.
Sur terre ne peut briller
Qu'une lune d'outre-tombe.

Alors tes doigts pâlissants,
Tu les plonges dans la cendre.
En tâtonnant, tu pressens
Que le feu devrait reprendre.

Vois, prêt à s'apitoyer,
Ce dont l'astre te fait part :
Éloigne-toi du foyer,
Tu t'en es venu trop tard.

Howard Philips Lovecraft

UN JARDIN

C'est un très vieux, très vieux jardin que je vois quelquefois en songe
S'illuminer de feux spectraux quand le soleil de mai s'y plonge.
Le faux éclat des floraisons s'altère en un gris décevant,
Et les murs, les fûts effrités réveillent des pensers d'avant.
La vigne envahit la fissure et l'angle, et la mousse la vasque ;
La mauvaise herbe, une tonnelle obscure étouffant sous le masque.
Un rare gazon clairsemé sur des chemins silencieux
Jette un relent de chose morte où languit la brise des cieux.
Il n'est pas un être qui vive en cet enclos de solitude ;
Ce cirque de haie interdit tout écho dans sa quiétude.
Je vais, je m'arrête, et j'écoute ; ainsi j'ai souvent recherché
Comment m'apparut ce jardin en un temps de moi détaché,
Pourquoi la vision des jours qui ne sont plus appelle à naître
Ces scènes sans couleur que je contemple et je crois reconnaître.
Une tristesse me possède et j'éprouve un frisson de peur…
Je sais : les fleurs sont des espoirs flétris – ce jardin c'est mon cœur !

Howard Philips Lovecraft

HALLOWEEN DANS UNE BANLIEUE

Regarde les clochers blanchis au clair de lune,
    Les arbres d'argent radieux,
Les vampires en vol frôler les cheminées,
    La harpie au-dessus des cieux
    Ramer, rire et fixer les yeux.

Car ce village mort n'a jamais resplendi
    Sous les feux d'un jour qui s'achève,
Et croît au plus profond des défuntes années
    Dans l'eau que la démence grève
    Et verse à l'abîme du rêve.

Un air froid s'insinue entre les rangs de gerbes
    D'un champ que les rayons effleurent,
Et dans un cimetière, entre les pâles tombes
    Sur lesquelles des goules pleurent
    Ces fuyantes moissons qui leurrent.

Le souffle des dieux gris de l'instabilité,
    Du passé l'arrachant au port,
Ne saurait hâter l'heure où, sous un pouvoir sombre,
    Le trône cosmique s'endort
    Et s'offre à l'inconnu sans bord.

Tels s'étendaient, devant des lunes oubliées,
    Plaines et vallons découverts.
Aussi, par la lueur, les morts joyeux bondissent
    Du ventre des tombeaux ouverts,
    Semant l'effroi dans l'univers.

Et ce que le matin s'attriste à recueillir,
        Ces laideurs, ces fléaux en nombre
D'épais alignements de briques et de pierres
        Quelque jour devenus décombres,
        Vivra la disgrâce des ombres.

Qu'importe l'aboi fou des lémures nocturnes,
        Ce faîte où les flèches se croient ;
L'Ancien et le Nouveau sont reclus dans l'enceinte
        Que l'horreur et la mort s'octroient,
        Pour que les chiens du Temps les broient.

Howard Philips Lovecraft

LA TERRE MÈRE

Je voulus descendre, de nuit,
Un val humide où rien ne bruit.
L'air stagnait, sa froideur mauvaise
Levait le cœur jusqu'au malaise.
Les environs, d'arbres tout pleins,
Simulaient d'affreux gobelins.
Pourquoi, sous un reste de ciel,
Ces branches d'aspect démentiel ?
Je pensais être sur la voie
D'un bien perdu comme la joie
Ou l'espérance – et n'entrevoir
Que les spectres du désespoir.
Par un seuil étroit je passai,
Et, follement, je m'enfonçai
Dans un repli que ne dévoile
Pas plus la lune que l'étoile,
Exhalant, profond et chenu,
L'originel et l'inconnu.
J'entendais, à fin d'examen,
Suivre la paroi de la main,
Lorsque, par sa forme, une empreinte
Vint remplir mon esprit de crainte.
Nullement ce qu'un œil pénètre
Et puisse voir ou reconnaître ;
Je touchais la trace d'un âge
Coupé de notre bref passage.
Sous la sphaigne au mur accrochée,
L'ancienne histoire était cachée.
Or l'onde, introduite au mystère,

Chuchota ce qu'il fallait taire :
« Mortel chétif, des plus hardis,
Garde pour toi ce que je dis.
Songe à ces tableaux, songe à ceux
Que virent ces rochers poudreux
Bien avant que ta faible race
Dans un moindre éclat n'eût pris place –
Des espèces mortes pour l'homme,
Mais qui survivent dans un somme.
Ainsi t'instruit la Terre Mère,
Des horreurs la source première. »

Les Poèmes
d'Edgar Allan Poe

Note sur les Poèmes

Les poèmes majeurs d'Edgar Allan Poe, à quelques exceptions près, peuvent être rangés sous l'enseigne du romantisme noir. À ce titre, ils méritaient une section particulière.

Dans ces poèmes, il faut considérer l'alliance indissoluble du fond et de la forme. Poe s'en explique dans son *Principe de la Poésie :* « Me contentant de la certitude que la musique, dans ses modes variés du mètre, du rythme et de la rime, est d'une telle importance en poésie que ce serait folie de la rejeter, […] je définirais la poésie de la parole comme la *Création rythmique de la Beauté.* Dans la seule contemplation de la Beauté nous trouvons possible de parvenir à cette stimulation de l'âme dans laquelle nous reconnaissons le sentiment poétique. »

Restaurer l'appareil prosodique supposait de s'écarter si nécessaire d'une stricte littéralité. Il reste que le poème de référence n'ayant pu manquer d'être conditionné par sa forme poétique, la reconstitution de celle-ci ne présente pas moins d'intérêt que le texte qu'elle ordonne.

Jusqu'à l'âge de vingt-deux ans, Poe se voulut exclusivement poète. N'obtenant pas le succès escompté, il s'engagea dans le domaine du conte. Toutefois son métier de critique littéraire, exercé parallèlement, lui permit de réfléchir sur l'essence de la poésie et de déterminer les critères préalables à la création du « charme » poétique. Dans leur version finale, *Israfel, La Dormeuse, La Cité en la mer, Lénore* et *La Vallée de l'inquiétude,* témoignent d'une réécriture complète. Encore que, durant douze ans, ce soit la prose qui l'accapare, deux nouveaux poèmes, *Le Ver vainqueur* et *Le Palais hanté,* confirment sa maîtrise. Un troisième, *À Quelqu'un au paradis,* préfigure *Annabel Lee.*

Les six dernières années de sa vie sont jalonnées par ses compositions les plus célèbres. *Pays de rêve* amorce une transition stylistique. *Le Corbeau,* avec son vers incantatoire et son refrain saisissant, établit la réputation de Poe en tant que poète. Lénore, évoquée dans un précédent poème, à la fois corps sans vie et esprit ayant déserté la Terre maudite, est déclarée perdue à jamais par un corbeau prophète.

Que le théoricien définisse la démarche poétique comme « un effort éperdu pour atteindre la beauté surnaturelle », il ne s'agit pas pour autant d'une aspiration vers un angélisme illusoire. Dans *Israfel,* Poe assume sa condition humaine. Le Ciel qui répand le narcotique du sommeil a voué sans l'ombre d'un doute *La Dormeuse* à la mort, et c'est lui qui, par jalousie, souffle un vent glacé pour tuer *Annabel Lee.* Quant à la marche à l'étoile d'*Ulalume,* elle s'achève devant un tombeau ; seul le narrateur de *Pour Annie* semble avoir gagné l'au-delà. *Les Cloches,* enfin, accompagnent une déperdition inhérente à l'existence même.

Le grand sujet de Poe se fonde sur le conflit entre l'âme poétique et le monde terrestre auquel elle ne peut échapper. En pratique, il lui importait que le poème fût doté d'une « signification indéfinie et suggestive afin de créer un effet vague et par conséquent spirituel, car un poème n'est pas la faculté poétique, mais le moyen de la susciter chez l'homme. »

ISRAFEL

L'esprit qui se tient dans le ciel,
Ses fibres du cœur sont un luth.
Nul ne chante avec un si bel
Abandon que l'ange Israfel,
Et la légende en eut rappel :
Des astres le vertige est tel
Qu'ils cessent leur hymne et font chut !

  Au plus haut de son cours,
  On voit, désemparée,
  La lune énamourée
  Rougir de ses amours,
Et, pour écouter, l'éclair d'or,
  Les Pléiades encor,
  Rapide septuor,
Faire une pause en leur essor.

Le chœur étoilé le proclame
Et l'auditoire à l'unisson :
  Israfel doit sa flamme
À cette lyre ; à cette trame
  Emprunte sa chanson –
Et ce frémissement de l'âme
À ces cordes d'exception.

Mais cet ange a foulé des cieux
Où la pensée est pénétrante,
L'Amour, majeur entre les dieux ;
Où l'œil des houris sous le voile
Possède la beauté vibrante
Qu'on adore dans une étoile.

          Il n'a pas tort, l'esprit
          Qu'un impassible ouvrage
          Incite à du mépris.
De tes lauriers reçois le prix,
Barde le meilleur, le plus sage :
À jamais des jeux et des ris !

Les extases du haut séjour
Pour tes mesures sont un but ;
La joie et le chagrin, l'amour,
La haine, ont la ferveur d'un luth –
C'est pourquoi les astres font chut !

Si le ciel t'appartient, ce monde
Est d'amertume et de douceur ;
La fleur d'ici reste une fleur,
Et le soleil qui nous inonde,
L'ombre de ton parfait bonheur.

Adviendrait-il que je me porte
          Où se trouve Israfel ?
          Que lui soit à ma porte ?
Il n'y chanterait de la sorte
          Sa chanson de mortel,
Tandis qu'une note plus forte
De ma lyre emplirait le ciel.

LA VALLÉE
DE L'INQUIÉTUDE

Un val silencieux naguère
Souriait. Partis pour la guerre,
Tous avaient déserté ces lieux,
Priant les astres aux doux yeux
Qu'ils veillent, de leur tour d'azur,
Sur les fleurs d'un parterre obscur ;
Que le long du jour, à leur place,
Un rouge soleil se prélasse.
Maintenant l'on a devant soi
Un triste val en grand émoi.
Non, rien ne veut se tenir coi,
L'étreinte des airs exceptée
Sur la solitude enchantée.
Ces arbres, loin des vents sans brides,
Tremblent comme de froides rides
Les mers des brumeuses Hébrides !
Ces nuages, que le vent fuit,
Traversent un ciel plein d'ennui,
Frémissent, de l'aube à la nuit,
Sur des violettes en nombre,
De l'œil humain réplique sombre –
Sur des lis dont chacun s'anime
Et pleure une tombe anonyme !
Ils flottent – leurs fragrantes têtes
Font d'éternelles gouttelettes.
Ils pleurent – sur les tiges mêmes
Ces pleurs éternels sont des gemmes.

LA DORMEUSE

Au minuit de juin, extatique,
Je reste à la lune mystique.
Une vapeur, opium pâle,
Perlé, du disque d'or s'exhale,
Et, goutte à goutte, avec lenteur,
Coulant sur la calme hauteur,
Glisse, mélopée accablée,
Dans l'universelle vallée.
Le romarin dort sur la tombe ;
Le lis par-dessus l'eau retombe ;
La ruine, drapant ses os
De brume, éboule en le repos ;
Vois ! le lac, au Léthé pareil,
Consciemment goûte un sommeil
Dont il ne voudrait point l'éveil.
Toute beauté demeure inerte,
Et vois, par la fenêtre ouverte,
Irène à son destin offerte !

Dame brillante, est-ce fortuit,
Ta fenêtre ouverte à la nuit ?
Du haut de l'arbre, un air follet
Plonge en riant par le volet ;
Un peuple incorporel, occulte,
Dans la chambre fait son tumulte,
Froisse les pans du baldaquin
D'un coup si brutal, si taquin,
Près de ta paupière fermée
Où se tient l'âme désarmée,
Que l'ombre contre la paroi,

Tel un spectre, monte et décroît.
Ne crains-tu pas, ma chère dame ?
Quel rêve à présent te réclame ?
Tu traversas le flot lointain,
Merveille pour l'arbre au jardin !
Étrange est ta pâleur, je pense !
Ton vêtement, ta tresse immense,
Et ce tout solennel silence !

La dame dort ! Le sommeil fond
Sur elle, durable et profond.
Quelle garde les cieux lui font !
La chambre en plus sainte réplique
Pour un lit plus mélancolique,
Implorons Dieu qu'il nous la fasse
Reposer en paix, l'œil clos face
Au pâle fantôme qui passe !

Mon amour dort ! Le sommeil fond
Sur elle, éternel et profond.
À son chevet les vers s'en vont !
Puisse dans le bois sombre, ancien,
Quelque tombeau devenir sien ;
Ouvrir, triomphant de nouveau,
Les panneaux ailés d'un caveau,
Noirs, sur les poêles à blason
Des obsèques de sa maison –
Quelque tombe au loin, singulière,
Contre laquelle, en écolière
Oisive, elle a jeté la pierre,
Mais ne pourrait forcer encore
L'écho de la porte sonore,
Pauvre enfant du péché ! de crainte
Que des morts ce ne soit la plainte.

LE VER VAINQUEUR

Voyez cette nuit de gala
De la fin des temps solitaire !
Des anges sont assemblés là,
Voilés, en pleurs, sur un parterre.
Tandis que le théâtre exhibe
Une pièce d'espoir, de crainte,
De l'orchestre, par quelque bribe,
La musique des sphères tinte.

Des mimes, l'image d'un Dieu,
À mots indistincts s'entretiennent,
Paraissent voler en tout lieu –
Simples pantins qui vont et viennent
Aux ordres de maint élément
Sans forme alternant le décor ;
Et le Malheur, aveuglément,
Choit de ses ailes de condor !

Eh bien, de ce drame divers
On gardera le souvenir !
Du Fantôme que l'univers
Pourchasse et ne peut retenir,
Le pas sur un cercle attaché
Qui retourne au point de départ ;
Une intrigue où trop de Péché,
D'Horreur, de Folie ont leur part.

Mais voyez, parmi ce désordre,
Entrer une forme rampante –
Un objet rouge sang se tordre !

Du fond de la scène, il serpente,
Il se tord !… Mortel désespoir
Chez nos mimes réduits en proie –
Et l'ange sanglotant de voir
S'empourprer la dent qui les broie.

Plus – plus de clartés – les ténèbres !
Sur les formes branlant la tête,
Le rideau, de ces draps funèbres,
Tombe avec un bruit de tempête.
Les anges, le voile écarté,
Le front pâle, affirment en chœur :
Ce drame a nom « l'Humanité »
Et son héros, le Ver vainqueur.

LA CITÉ EN LA MER

Un trône est dressé par la Mort,
D'une étrange cité qui dort,
Seule à l'Occident ; où l'empire,
Pour le bon, le mauvais, le meilleur et le pire,
En l'éternel repos expire.
Les temples, les palais, les tours,
Qui ne tremblent, rongés de temps,
N'ont plus rien de nôtre. Alentour,
Oublié l'élan des autans,
La résignation applique,
Sous le ciel, l'eau mélancolique.

Nul rayon sacré ne vacille
Sur la longue nuit de la ville ;
L'éclat du flot dénaturé,
Par les tours, en silence, entré,
Lustre pinacles à son gré –
Clochers – palais de la couronne –
Dôme et murs comme à Babylone –
Bosquets oubliés de naguère,
De lierre sculpté, fleurs de pierre –
Et mainte et mainte châsse insigne
Aux frises enlaçant en signe
Viole, violette et vigne.
La résignation applique,
Sous le ciel, l'eau mélancolique.
Les tours à leur ombre fondues
Semblent dans les airs suspendues,
Et la Mort, de la plus altière,
Porte au regard la ville entière.

Temples ouverts et tombes creuses
Bâillent aux vagues lumineuses ;
Mais ni, d'un riche gisement,
L'idole à l'œil de diamant,
Le mort paré d'un gai joyau,
Hors de son lit ne tentent l'eau ;
Nulle lame, hélas ! ne s'incline
Sur la vacuité cristalline –
Des vents rien ne conte le soin
Pour la mer plus heureuse au loin –
Rien n'assure qu'un souffle entraîne
Mer moins hideusement sereine.

Mais vois ! un branle est dans l'espace,
L'onde – un mouvement la déplace !
Comme si chaque tour qui sombre
Devait repousser le flot sombre –
Chacun des faîtes assemblés
Laisser un vide aux Cieux voilés.
Voici l'eau de rouge remplie –
L'heure qui respire affaiblie,
Et quand, vers de plaintives zones,
Tout s'en ira, précipité,
L'Enfer, surgi de mille trônes,
Rendra hommage à la cité.

LÉNORE

Ah ! brisée est la coupe d'or !
Que l'esprit vole et ne revienne !
Le glas résonne – une âme sainte
Flotte sur la vague stygienne.
Et toi, Guy de Vere, une larme !
Pleure ce jour ou plus jamais.
Tu vois Lénore en cette bière
Rigide et morne – et tu l'aimais ?
Allons ! qu'on chante un chant funèbre
Et des morts qu'on lise la messe !
Un thrène pour la plus royale
Qui dut mourir en sa jeunesse –
Un chant pour elle, deux fois morte
Parce que morte en sa jeunesse !

« Félons ! l'aimant pour sa richesse,
Vous l'abhorriez pour son orgueil –
La bénissiez dans sa faiblesse
Pour que la mort lui fît accueil !
Qui doit lire le rituel ?
Le chant funèbre qui le chante ?
C'est vous – les vôtres, l'œil mauvais !
Les vôtres, la langue infamante !
De vos méfaits mourut – mourut
En sa jeunesse l'innocente ! »

Peccavimus… Mais reprends-toi !
Vers Dieu ce chant dominical
Monte si solennellement
Qu'à la morte il cèle tout mal.

Lénore s'en va la première
Et l'Espoir s'enfuit à son bras ;
La chère enfant qui te rend fou
Jamais tu ne l'épouseras.
Cette belle à présent repose,
Humble en dépit de ses aïeux.
Vois sur sa blonde chevelure
La vie, et non plus dans ses yeux –
Sur sa chevelure toujours
La vie – et la mort dans ses yeux.

« Arrière ! à ses démons d'en bas
S'arrache un spectre plein de fiel ;
Délaissant l'Enfer de ce monde
Pour un noble état dans le Ciel –
Plaintes et pleurs pour côtoyer,
D'un trône d'or, le Roi du Ciel !
Point de glas – de peur que son âme,
Où la sainte allégresse habite,
N'en reçoive la note avant
De quitter la Terre maudite !
Moi, ce soir, j'ai le cœur léger –
Puisqu'au deuil mes chants restent sourds,
J'aiderai l'ange dans son vol
Par un péan des anciens jours ! »

LE PALAIS HANTÉ

Dans notre plus verte vallée
À de bons anges se donnant,
Un palais présentait d'emblée
Son front superbe et rayonnant.
De ce domaine du monarque
Pensée, il occupait le sol ;
D'un autre bâtiment de marque,
Nul séraphin ne prit son vol !

L'or de glorieuses bannières
À longs plis flottait sur les toits
(Ce sont, tout cela, les manières
D'un temps fabuleux d'autrefois),
Et la brise qui se trémousse
En des jours doucement comblés,
Sur les remparts blanchis de mousse,
Répandait ses parfums ailés.

Par deux fenêtres qu'on éclaire,
Quel voyageur n'eût regardé
Le ballet des esprits se plaire
Aux lois d'un luth bien accordé,
Se pavaner autour d'un trône
Afin que le roi s'y montrât –
Le porphyrogénète prône
À sa gloire un même apparat !

L'éclat du rubis, de la perle,
Ornait la porte du palais.
Il en sortait, flot qui déferle

Et qui scintille de reflets,
Une troupe d'échos requise
Pour chanter. Ô le doux octroi
Que chanter de leur voix exquise
La sagesse et l'esprit du roi !

Mais des démons à triste robe
Son noble état fut accablé.
Toute aube pour lui se dérobe ;
Ah ! pleurons sur le désolé !
En place du séjour de gloire,
Riche de pourpre et de parfums,
Ne subsiste dans la mémoire
Qu'un récit des siècles défunts.

Par les deux fenêtres ardentes,
Le voyageur voit, maintenant,
Sur des musiques discordantes,
De vastes formes cheminant ;
Et, tel un fleuve obscur qui roule
Par la porte pâle son flux,
Se rue une hideuse foule
Qui rit – rit et ne sourit plus.

PAYS DE RÊVE

Par l'obscure et déserte sente
Que seul le mauvais ange hante,
Où s'érige, sur un appui
Noir, une Idole dite Nuit,
Récemment, je m'en suis allé
D'une extrême, vague Thulé –
D'un fatal climat qui s'étend,
Sublime, outre Espace – outre Temps.

Vals profonds, onde illimitée,
Gouffre, antres, titane futaie,
Aux formes qu'on ne perçoit toutes,
Car tout est éploré de gouttes ;
Montagnes penchant davantage
Pour choir en des mers sans rivage ;
Mers qui, instablement, par lames,
Aspirent à des cieux de flammes ;
Lacs qui, incessamment, emportent
Leurs seules eaux, seules et mortes –
Calmes eaux, calmes et glacées
De neiges de lis prélassées.

Par les lacs qui ainsi emportent
Leurs seules eaux, seules et mortes –
Tristes eaux, tristes et glacées
De neiges de lis prélassées –
Par la montagne – près du cours
Qui murmure tout bas, toujours –
Par les bois gris – par les palus
De crapauds et tritons élus –

Par les mares, l'étang funeste
Où le peuple des goules reste –
En chaque lieu le plus impie –
Chaque endroit de mélancolie –
Le voyageur trouve, oppressé,
Les Souvenirs clos du Passé –
Formes tremblant sous le linceul,
Soupirant près de l'homme seul –
Formes blanches d'amis, jadis
Rendus en Terre et Paradis.

C'est, du cœur aux maux légion,
Calme et paisible région –
De l'esprit marchant dans l'ombre, oh !
C'est là – c'est là l'Eldorado !
Mais le voyageur ne peut, n'ose
Approfondir ce qu'elle expose ;
Ses propres mystères jamais
Ne s'offriront qu'aux yeux fermés.
Ainsi ses rois défendent-ils
D'y lever la frange des cils ;
L'âme en peine qui passe ici
L'observe en un verre obscurci.

Par l'obscure et déserte sente
Que seul le mauvais ange hante,
Où s'érige, sur un appui
Noir, une Idole dite Nuit,
Récemment, je m'en suis allé
D'une extrême, vague Thulé.

LE CORBEAU

Une fois, au morne minuit, courbé de faiblesse et d'ennui
Sur des rituels oubliés en maint volume étrange inclus,
Que je somnolais, le front lourd, soudain retentit un bruit sourd.
L'avis que l'on heurtait ma porte, heurtait légèrement, je l'eus :
« Quelque visiteur, murmurai-je, heurtant de coups irrésolus,
        C'est cela même et rien de plus. »

Je m'en souviens, hors de ma chambre régnait un glacial décembre ;
Les tisons, tour à tour, au soin de leur ombre s'étaient rompus.
De l'aube mon désir sans frein cherchait vainement au chagrin,
Chagrin de la morte Lénore, un sursis en ce que je lus –
Une rare, une rayonnante enfant que nomment les élus
        Et qu'ici-bas ne nomme plus.

Soyeux, triste, issu du frisson des rideaux pourprés, certain son
Me pénétrait, de fantastiques terreurs précipitait l'afflux ;
Si bien que mon cœur palpitant, je le contins en répétant :
« L'on me sollicite d'ouvrir la porte qui me tient reclus –
À quelque visiteur tardif, la porte qui me tient reclus :
        C'est cela même et rien de plus. »

Mon âme se sentit plus forte. N'osant remettre de la sorte :
« Monsieur, déclarai-je, ou madame, en vérité, je suis confus,
Je somnolais, j'en fais serment, et vous heurtiez si doucement –
Vous donniez des coups à ma porte, mais tellement irrésolus
Que je doutais de bien entendre. » Aux voiles obscurs, absolus,
        J'ouvris ma porte – et rien de plus.

Une ténèbre à ne voir goutte me comblait de stupeur, de doute,
Et nul mortel ne fit les rêves que cet effroi m'avait valus.
Le silence ne se résigne, le repos n'atteste aucun signe,
Un nom fut proféré : «Lénore !» Ce nom, moi seul, je me complus
À le proférer. Un écho reprit ces accents superflus.
        Purement cela, rien de plus.

À peine retiré chez moi, mon âme brûlante d'émoi,
Se manifestèrent, plus forts, les coups tout à l'heure entendus.
« Certes, me dis-je, ce doit n'être qu'une chose après ta fenêtre ;
Explore ce mystère, et sache de quoi tes volets sont battus ; –
Mon cœur, explore ce mystère, une fois tes battements tus ;
        C'est le vent, certe, et rien de plus ! »

La fenêtre enfin libérée, en quelques bonds fit son entrée,
Agitant les ailes, superbe, un corbeau des temps révolus.
De révérence il n'acquitta ; il ne s'arrêta, n'hésita,
Trouvant au-dessus de ma porte des emplacements dévolus –
Ceux de ce buste de Pallas au port d'un seigneur dévolus,
        Se percha, siégea, rien de plus.

L'oiseau d'ébène sut prescrire à ma triste humeur de sourire,
Tant son apparence étalait des airs de gravité voulus.
« Ton chef peut être sans panache, lui dis-je, tu n'es pas un lâche,
Lugubre corbeau voyageur, spectre du nocturne palus –
Quel est ton nom seigneurial par le plutonien palus ? »
        L'oiseau répondit : « Jamais plus. »

Je fus émerveillé. Ce laid volatile aisément parlait,
Quoique en cela sens et rapport parussent des plus farfelus.
On ne saurait à l'examen le nier : aucun être humain,
D'un buste au-dessus de sa porte, ne vit nul oiseau trouver l'us –
De bête au-dessus de sa porte (hormis toi qui t'en prévalus)
        Porter ce nom de « Jamais plus. »

Mais l'oiseau, sur le pâle buste, à sa réplique se tint juste,
Comme s'il répandait son âme en ces deux termes absolus.
Pas un propos il n'engagea, pas une plume il ne bougea –
Quand je me pris à murmurer : « Tous à me fuir sont résolus –
Et lui partira demain, tels mes Espoirs se sont résolus. »
            L'oiseau fit alors : « Jamais plus. »

Frémissant du calme brisé sous cet envoi trop avisé,
« Sans doute, dis-je, exprime-t-il tout son fonds, les biens revalus
D'un maître haï de son astre, que l'impitoyable Désastre
Suivit de près, plus près encore pour que ses chants fussent conclus –
Ses chants funèbres de l'Espoir par un refrain fussent conclus,
            Celui de : Jamais – jamais plus ! »

Mais l'oiseau vint persuader mon esprit de se dérider.
Donc, assis devant le corbeau, le buste et la porte au surplus,
J'essayai d'enchaîner, du creux d'un fauteuil, mes songes entre eux,
Pensant à ce que voulait dire l'augure des temps révolus –
L'oiseau disgracieux, sinistre et maigre des temps révolus,
            En croassant ce « Jamais plus. »

Je formai mainte conjecture, sans interroger d'aventure
Le corbeau dont les yeux de flamme en mon sein s'étaient émoulus ;
Tant et plus pour le dévoiler, ma tête prête à s'en aller
Sur les coussins où la lumière se délectait avec le flux –
Coussins de velours violet, de la lampe captant le flux,
            Pressés par Elle… jamais plus !

L'air s'alourdit, me sembla-t-il, fleurant un encensoir subtil
Que balançaient des séraphins, le pas sur les tapis velus.
« Ah ! m'écriai-je, infortuné ! Dieu par ces anges t'a donné
Le répit dans tes souvenirs, le népenthès qui te sont dus ;
Tu boiras au bon népenthès l'oubli de tes amours perdus ! »
            L'oiseau répondit : « Jamais plus. »

« Prophète, dis-je, au mal enclin ! Oui prophète, bête ou malin ! –
Que le Tentateur te dépose ou la tempête à son reflux,
Désolé, mais l'aile indomptée, en terre déserte, enchantée ;
Au logis que hante l'horreur – est-il pour moi quelque salut ?
Dis-le moi, d'un baume en Judée, pourrai-je implorer le salut ? »
        L'oiseau répondit : « Jamais plus. »

« Prophète, dis-je, au mal enclin ! Prophète soit, bête ou malin !
Par ce Très-Haut que l'on adore, par les Cieux sur nous impollus,
Cette âme en peine, sais-tu pas si, dans un paradis, là-bas,
Elle doit embrasser Lénore, celle que nomment les élus ? –
Une sainte, une rayonnante enfant que nomment les élus ? »
        L'oiseau répondit : « Jamais plus. »

« Ce mot signale ton envol ! hurlai-je en piétinant le sol.
Par la tempête et par la nuit, rentre au plutonien palus !
Évite qu'il reste, en mémoire d'un mensonge, une plume noire !
Quitte ce buste et laisse intacte la solitude où je me plus !
Puissent ta forme de ma porte, ton bec de mon cœur, être exclus ! »
        L'oiseau répondit : « Jamais plus. »

Et le corbeau, sans voleter, ne veut quitter – ne veut quitter
Du pâle buste de Pallas les emplacements dévolus ;
Et l'aspect de ses yeux relève en tous points d'un démon qui rêve ;
Et la lampe projette une ombre en épanchant sur lui le flux ;
Et mon âme, hors de cette ombre qui flotte au plancher sous le flux,
        Ne s'élèvera – jamais plus !

À QUELQU'UN AU PARADIS

Tu étais ce pourquoi, amour,
Mon âme languissait d'émoi –
Une île verte en mer, amour,
Une source, un temple sur quoi
Des fruits, des fleurs servaient d'atour,
Et toute fleur était à moi.

Trop brillant, ce rêve a cessé !
Cet astre, l'Espoir en personne,
Apparut pour être éclipsé !
Du Futur une voix m'ordonne :
« En avant ! », mais sur le Passé,
Gouffre noir, mon esprit tâtonne,
Muet, immobile, oppressé !

Hélas, ma vie est sans lueur,
Les temps heureux sont révolus !
Plus – plus – plus – il n'y aura plus,
Proclame aux sables la rumeur
De l'onde à l'instant du reflux,
Pour l'arbre foudroyé de fleur,
Ni d'envol pour l'aigle perclus !

Aux heures du jour espérées,
Les transes que la nuit recèle
Par tes yeux gris sont éclairées ;
Tes pas y font une étincelle –
En quelles danses éthérées,
Près de quelle rive éternelle ?

ULALUME

Le ciel encore était cendreux et sobre ;
La feuille au sol achevait de déchoir –
La feuille morte achevait de déchoir :
Je sus la nuit du solitaire octobre
De l'an le plus immémorable échoir.
C'était auprès de cet obscur lac d'Aubre,
Dans le brumeux moyen pays de Weir –
C'était devers cet humide étang d'Aubre,
Aux bois hantés par les goules de Weir.

Sous les cyprès d'un chemin titanique,
J'errais avec mon âme tutélaire –
Avec Psyché, mon âme tutélaire.
Mon cœur était, en ces jours, volcanique :
Un fleuve scoriaque est similaire –
Sa lave turbulente est similaire
Qui roule en bras sulfureux de l'Yanique
Dans un extrême et froid climat polaire –
Qui roule en gémissant du mont Yanique,
Où Borée eut un royaume polaire.

Notre entretien était sincère et sobre ;
Mais nos pensers flétris et sans mouvoir –
Nos souvenirs traîtres et sans mouvoir :
Car nous taisions que le mois fût octobre,
De cette nuit n'estimant rien savoir
(Des nuits de l'an le terme le plus noir !)
Nous ne voulions noter l'obscur lac d'Aubre
(Bien qu'une fois nous eussions dû le voir) –

Nous rappeler cet humide étang d'Aubre,
Ces bois hantés par les goules de Weir.

Comme la nuit finissait, dénonçant
Sur le cadran stellaire une aube morne –
Sur le cadran trahissant l'aube morne,
Notre sentier, frappé d'un liquescent
Et nébuleux éclat, trouva sa borne ;
Éclat duquel apparut un croissant
Miraculeux fait d'une double corne –
Ô d'Astarté l'adamantin croissant !
Croissant distinct avec sa double corne.

« Plus que Phébé, dis-je, sa passion
Roule à travers les soupirs de ces lieux –
Se divertit des soupirs de ces lieux.
Elle avait vu couler l'affliction
Sur cette joue où le ver est trop vieux,
Et, franchissant les astres du Lion,
Nous a montré le passage des cieux –
Montré la paix léthéenne des cieux ;
Elle est venue, en dépit du Lion,
Luire sur nous de l'éclat de ses yeux –
Venue à nous par l'antre du Lion
Avec l'amour, lumière de ses yeux. »

Or Psyché me parla, levant le doigt :
« Cet astre, hélas, je m'en suis défiée –
De sa pâleur, prudemment défiée ;
Ne nous attardons pas ! Oh ! hâte-toi,
Fuyons ! – car il le faut. » Terrifiée,
Elle abaissait, la traînant après soi
Dans la poussière, une aile déployée –
Pleurait d'angoisse en traînant après soi
Les plumes de son aile déployée –
Dans la poussière, à regret déployée.

« Ce n'est qu'un rêve, expliquai-je, essayons
De parvenir à cet éclat qui luit –
De nous plonger dans ce cristal qui luit !
Sa splendeur sibylline a des rayons
Remplis d'Espoir, de Beauté, cette nuit.
Vois comme il vibre en plein ciel dans la nuit !
À sa lueur fervemment nous croyons ;
En sûreté, celle-ci nous conduit –
À sa lueur sans faute nous croyons,
Jamais quelqu'un ne fut si bien conduit
Par cet éclat qui vibre dans la nuit ! »

Je l'embrassai et Psyché se reprit.
Plus d'un chagrin fut distrait de la sorte –
Plus d'un scrupule évincé de la sorte,
Et nous allions vers l'horizon prescrit.
Mais d'un tombeau nous arrêta la porte –
La plaque jointe à la funèbre porte ;
Et je dis : « Douce sœur, qu'est-il inscrit
Sur cette plaque à la funèbre porte ? »
Elle : « Ulalume – Ulalume elle porte,
C'est le tombeau d'Ulalume, ta morte ! »

Sitôt mon cœur devint cendreux et sobre,
Comme la feuille achevait de déchoir –
La feuille morte achevait de déchoir.
Je m'écriai : « Ce fut certe en octobre,
Mais l'an passé ! De nuit, le même soir,
J'ai dû marcher, marcher en ce terroir –
Porter un faix terrible en ce terroir !…
Des nuits de l'an ce terme le plus noir,
Ah ! quel démon m'oblige à le revoir ?
Je reconnais et cet obscur lac d'Aubre
Et ce brumeux moyen pays de Weir –
Je connais bien cet humide étang d'Aubre,
Ces bois hantés par les goules de Weir. »

POUR ANNIE

La crise, Dieu merci !
Le péril est passé.
Enfin, cette langueur,
Ce malaise a cessé,
Et « Vivre », cette fièvre,
Est enfin terrassé.

Je me sais, oh ! tristesse,
Émondé de ma force.
Je ne bouge aucun membre,
Ou la tête ou le torse,
Mais n'importe ! à la longue
Un mieux-être s'amorce.

Ainsi le spectateur
Qui me surprend d'abord,
Si paisible en mon lit,
S'imagine ma mort –
Tressaille de me voir,
Parce qu'il me croit mort.

Le sanglot, le soupir
Et le gémissement,
Voici qu'ils font silence
Avec le battement
De mon cœur – cet horrible,
Horrible battement !

La douleur, la nausée
Ont fui le renouveau ;

De même a fui la fièvre
Affolant mon cerveau –
« Vivre » a nom cette fièvre,
Elle brûle au cerveau.

Et des tortures, l'autre,
Affreuse au premier chef,
Disparaît : la torture
Affreuse de la soif –
Soif de la passion
Maudite pour un bief
Bitumineux ; une eau
Étanche toute soif.

Avec un son berceur,
Cette eau qui désaltère
S'écoule d'une source
À peu de pieds sous terre –
Dans une cavité
Peu profonde sous terre.

Ah ! fécond en sottise,
On dira de surcroît
Que ma chambre est obscure
Et mon lit bien étroit.
Non, l'homme pour dormir
N'eût de meilleur endroit –
Vous-même dans ce lit
Dormirez à bon droit.

Mollement, mon esprit
Tantalisé repose.
Il oublie ou jamais
Ne regrette la rose –
L'ancienne émotion
Du myrte et de la rose.

Plutôt il imagine,
En cette paix complète,
Une plus sainte odeur
Mêlant la violette ;
Le romarin, la rue
Avec la violette –
Avec la puritaine
Et belle violette.

Heureux de ma torpeur,
Au rêve il s'ingénie :
Il baigne en la constance,
En la beauté d'Annie –
Et se noie en un bain
Sous les tresses d'Annie.

Son baiser, sa caresse
Enivrent à dessein.
Tous deux m'ont fait tomber
De sommeil sur son sein –
Dans le profond sommeil
De l'éden de son sein.

Elle me couvre, éteint
Le jour de ses phalanges ;
Pour me garder du mal,
Prie à genoux les anges –
Implore le secours
De la Reine des anges…

Parce que je repose
À présent dans ce port
(Connaissant son amour),
Vous m'imaginez mort –
Que je me satisfais
À présent de ce port

(Maître de son amour),
Vous m'imaginez mort –
Vous tremblez de me voir
Et vous me croyez mort.

Mais mon cœur, bien plus vif
Que la flamme infinie
Des étoiles du ciel,
Rayonne avec Annie –
S'embrase à la clarté
D'amour de mon Annie –
Au penser de l'éclat
Des yeux de mon Annie.

ANNABEL LEE

Dans un royaume près de la mer,
Il y a mainte année abolie,
Vivait une jeune fille
Que l'on peut nommer Annabel Lee ;
Vivait sans aucune autre pensée
Qu'un mutuel amour n'eût remplie.

Dans ce royaume près de la mer,
Notre enfance était inaccomplie,
Mais notre amour plus fort que l'amour –
Moi et mon Annabel Lee ;
Convoité des séraphins ailés,
Au ciel que cet amour humilie.

Et voilà pourquoi, dans ce royaume,
Il y a mainte année abolie,
Un vent souffla d'un nuage
Qui glaça ma belle Annabel Lee.
Me l'enlevèrent alors
Ceux de sa parentèle anoblie,
Dans ce royaume près de la mer,
Pour être au sépulcre ensevelie.

Comme les anges nous imputaient
Leur félicité pâlie
(Dans ce royaume près de la mer
C'est la vérité que l'on publie),
Le vent nocturne vint d'un nuage
Glacer et tuer Annabel Lee.

Mais l'amour, l'amour des gens
Dont la sagesse à l'âge s'allie,
Nous le surpassions à la folie.
Pas un ange dans le ciel
De mon âme ne délie,
Non plus que les démons sous la mer,
L'âme de la belle Annabel Lee.

Car jamais lune se lève
Qui n'apporte quelque rêve
De la belle Annabel Lee ;
Jamais d'astres radieux
En qui ne brillent les yeux
De la belle Annabel Lee.
Ainsi, le temps d'une nuit,
Ma fatigue reposée
Me tient près de ma chérie,
Ma vie et mon épousée,
Dans sa tombe en ce bord établie –
Sa tombe, du bruit de l'onde emplie.

LES CLOCHES

I

Écoutez le son diligent
Des traîneaux aux cloches d'argent !
Leur mélodie à s'amuser nous engageant !
Ne tintent, tintent, tintent-elles,
Dans l'air glacial de la nuit,
Que pour les hauteurs sur lesquelles
Chaque astre fait des étincelles,
Leur cristallin délice en lui ?
En mesure ! en mesure ! intime
Une rune égrenant sa rime
À la tintinnabulation que décochent
Si musicalement les cloches,
Les cloches ! les cloches ! les cloches ! –
Avec leur cliquetis, leur tintement, les cloches.

II

Écoutez des cloches encor –
Cloches de noces, cloches d'or !
Quelle harmonie inspire au bonheur cet essor !
Dans l'air embaumé de la nuit,
Combien leur délice les suit !
Dans l'or fondu de chaque note,
La mesure à toutes commune,
Quelle chanson liquide flotte ;
La tourterelle au nid pour l'entendre s'accote
Et couve ainsi des yeux la lune !

De quelle sonore prison
S'élance l'euphonie avec effusion !
Et s'amplifie,
Et se confie
À l'Avenir ! Et dit comment
Nous laissons le ravissement
Prescrire, au câble qui les hoche,
De sonner, de sonner les cloches,
Les cloches ! les cloches ! les cloches ! –
Sonner les cloches,
Leurs notes en écho, leur carillon, les cloches !

III

Une alarme qui vous étreint –
Écoutez les cloches d'airain !
Que dit leur turbulence ? un conte que l'on craint !
Troublant l'oreille de la nuit,
Comme un cri d'horreur nous instruit !
Foin de parole à manier ;
L'effroi les fait crier, crier,
Sans règle aucune,
En appeler au feu miséricordieux,
Remettre à la raison le feu fou furieux ;
Plus haut, plus haut, balancer mieux
Leur impuissant désir aux cieux,
Avec des efforts résolus
Pour siéger de suite et sans plus
Près de la pâlissante lune.
Oh, cloches, cloches !
Aux contes de terreur si proches
Du désespoir !
Chacune d'elles choque, frappe,
Rugit… Quelle horreur sur la nappe
De l'air palpitant vient s'asseoir !

Pourtant l'oreille peut juger,
À la vibrance
Et la stridence,
Les flux et reflux du danger ;
L'oreille admet sans anicroche,
Dans le fracas
Et le tracas,
Comment il s'écarte ou s'approche,
Selon que s'enfle ou s'affaiblit le son des cloches ;
La colère emplissant les cloches –
Les cloches ! les cloches ! les cloches ! –
Battant les cloches
De son martèlement, de sa clameur, les cloches !

IV

Un glas qui se répand dans l'air –
Écoutez les cloches de fer !
Leur monodie en solennels pensers nous perd !
Dans le silence de la nuit,
Quel frisson de peur se produit
Devant leur voix mélancolique et menaçante !
Chaque note pour s'éveiller,
De la rouille de leur gosier
Se fait grinçante.
Et l'engeance qu'on sait jucher –
Ah ! l'engeance dans le clocher
Seule présente,
Qui doit sonner, sonner, sonner
La cloche monotone et sourde,
Toute à sa gloire d'asséner
Sur nos cœurs cette pierre lourde,
N'étant des hommes ni des femmes –
N'étant des brutes ni des âmes,
S'appelle Goule.

Son monarque, c'est lui qui sonne –
C'est lui qui roule, roule, roule
En personne
                 Un péan des cloches !
Et ses poumons, joyeuses poches,
Se gonflent du péan des cloches !
Que hurle et danse le fantoche –
En mesure ! en mesure ! intime
Une rune égrenant sa rime
Au péan qu'il tire des cloches –
          Tire des cloches !
En mesure ! en mesure ! intime
Une rune égrenant sa rime
En leur sein palpitant, les cloches,
Les cloches ! les cloches ! les cloches ! –
En leur sein sanglotant, les cloches.
La mesure en elles s'imprime,
Tandis que ricoche, ricoche
La rune et son heureuse rime
Dans leur long roulement, les cloches,
Les cloches ! les cloches ! les cloches ! –
Le glas qu'elles sonnent, les cloches,
Les cloches ! les cloches ! les cloches ! –
          Sonnent les cloches
De leur gémissement, de leur plainte, les cloches.

ELDORADO

Arroi singulier,
Un preux chevalier
Avait, dans l'ombre ou faisant beau,
Voyagé sans cesse,
Chantant d'allégresse,
En quête de l'Eldorado.

Mais l'âge vainqueur,
Sur le brave cœur,
Étendit son ombre, un fardeau
De ne trouver pas
De monde ici-bas
Ressemblant à l'Eldorado.

Sa force, à la fin,
Épuisée en vain,
Rencontrer l'Ombre fut son lot :
« Ombre, en quel endroit
Se trouve, dis-moi,
Cette terre d'Eldorado ? »

« Par delà le Mont
De la Lune, au fond
De l'Ombreux Vallon du tombeau,
Chevauche ou renonce,
Fit-elle en réponse,
Si tu cherches l'Eldorado ! »

UN SONGE
DANS UN SONGE

Reçois au front ce baiser !
Au moment de te laisser,
Puissé-je le confesser :
À raison tu le relèves,
Mes jours ont été des rêves ;
Pourtant si l'Espoir a fui,
Fût-ce de jour ou de nuit,
Rêve ou bien réalité,
Ne m'a-t-il pas moins quitté ?
Voir ou paraître est mensonge,
C'est un songe dans un songe.

Je reste dans le tumulte
D'une rive où l'onde insulte,
Et ma main retient encor
Quelques grains de sable d'or.
Ce peu de chose, s'il glisse
Entre mes doigts vers l'abysse,
Que l'œil de larmes s'emplisse !
Dieu ! ne puis-je les serrer ?
Ma prise mieux l'assurer ?
Sauver rien que celui-ci
De la vague sans merci ?
Voir, paraître, est-ce un mensonge ?
Est-ce un songe dans un songe ?

Table

POURQUOI ADHÉRER À L'ODS

En plus de rassembler toute une « faune de l'Espace » passionnée de littératures de l'imaginaire, science-fiction, fantastique, fantasy, etc. et tant de chercheurs érudits des univers de l'étrange, l'ODS est une association active qui organise ou coordonne de nombreux événements dans les domaines qui nous intéressent.

C'est un fait que l'activité de publication de fanzines qui était son expression principale à ses débuts a dû être transférée vers notre maison d'édition, EODS, faute de lecteurs assidus dans un secteur qui s'est peu à peu reporté vers le web. Certaines revues ont disparu, d'autres sont nées à cette occasion. Force est de nous adapter au potentiel du lectorat d'aujourd'hui, et nous voilà au XXIe siècle !

Toutefois, tout en nous adaptant, nous tenons, à l'ODS, à préserver cette convivialité qui fut toujours la première motivation de notre existence associative. C'est pourquoi nous poursuivons avant tout l'organisation de rencontres, conférences, congrès, dîners thématiques et autres missions scientifiques autour des thèmes qui nous sont chers. Participer à ces nombreuses activités, les organiser ou permettre à certains invités de venir y présenter leurs travaux, voilà aujourd'hui la vocation de l'ODS. Ainsi, tout au long de l'année, vous êtes conviés à nous rejoindre lors de dîners informels, comme celui du Nouvel Eon en janvier, et toutes sortes de rencontres à thèmes intitulées « on the spot », selon le calendrier de la venue d'auteurs en région parisienne, ainsi qu'à des colloques de haute tenue dont ceux organisés à Rennes-le-Château (ARTBS) ou à Paris comme le Congrès Fortéen, les journées Heuvelmans ou Jacques Bergier, etc. mais aussi à nous rendre visite sur les stands des nombreuses conventions auxquelles nous participons.

L'organisation de ces événements et la participation de l'association à ceux organisés par d'autres sont aujourd'hui devenus notre activité principale, car c'est ce qui fait vivre notre univers littéraire et préserve ce caractère unique qui nous plaît. Si certains supports de lecture disparaissent petit à petit au profit de medias plus modernes – du fanzine au webzine, des listes de discussions aux réseaux sociaux, etc. – il reste que nous sommes tous attachés aux livres originaux au format papier, non seulement à l'objet que l'on peut aujourd'hui commander en trois clics, mais surtout à ce qui va autour, c'est-à-dire les rencontres, les discussions, le partage et les possibles collaborations qui s'improvisent au gré des initiatives de nos membres les plus passionnés et, bien entendu, au plaisir de lire !

La participation de chacun à cette fourmillante activité littéraire et autour de la littérature se coordonne le plus simplement possible par le moyen de notre association, et c'est la raison d'être de l'ODS. En y adhérant, et surtout en participant par votre présence et votre concours à ces rencontres, ainsi qu'à la naissance et la réalisation de nouveaux projets, vous nous aidez à prolonger la vie de notre multivers littéraire. Bienvenue à tous et merci pour votre présence !

Emmanuel Thibault, membre du Conseil de AODS.

LES ÉDITIONS DE L'ŒIL DU SPHINX

SARL au capital de 15.245 €

R.C.S. Paris B 432 025 864 (2000 B11249)

36-42 rue de la Villette

75019 PARIS

Mail ods@œildusphinx.com

http://www.œildusphinx.com

Tél 09.75.32.33.55

Fax 01.42.01.05.38

Toutes nos parutions sont sur :
http://boutique.oeildusphinx.com

Achevé d'imprimer en juin 2023

par KDP

9 782380 140699